"治国理政新理念新思想新战略"研究丛书

主 编 靳 诺 刘 伟

U0947473

治党卷

全面从严治党新阶段

杨凤城 赵淑梅 张世飞 著

中国人民大学出版社

·北京·

编委会

主　编： 靳　诺　刘　伟

编　委：（按姓氏音序排列）

陈　岳　冯仕政　冯玉军　靳　诺　李永强　刘后滨

刘　伟　刘元春　罗来军　秦　宣　王伯鲁　伍　聪

杨凤城　杨光斌　张　宇　张云飞

全面深刻把握习近平治国理政思想的科学理论体系

靳　诺　刘　伟

当代中国在经过30多年的改革开放之后，已经进入一个全新的时期。中国经济总量2010年超过日本成为世界第二之后，中国便进入全面深化改革的时期，进入具有许多新的特点的伟大斗争时期，进入可以更有作为的战略机遇期。这一时期，在经济建设上，几十年高速经济增长之后所呈现的“新常态”正在催生经济结构的转型升级和经济发展方式的根本转变，中国正在跨越“中等收入陷阱”而迈向中等发达国家的行列；在政治建设上，依据中国共产党的顶层设计和政治发展的自身特点，到2020年各项制度将更加成熟、更加定型，治国理政的方式方法也更加科学化民主化，国家治理现代化将进入一个新阶段；在文化建设上，文化体制改革将更加深入，社会主义核心价值观将更加深入人心，中国文化软实力的国际影响将更加深远；在社会建设上，到 2020 年全面建成小康社会，社会将更加和谐，人民生活将更加美好；在生态文明建设上，生态文明制度将更加健全，美丽中国建设将更富成效。在国际方面，国际金融危机的影响并未结束，世界秩序正在发生广泛而深刻的变化。300 年来由西方主导的世界秩序正在走向衰落，主导世界秩序的权力正在位移，中国作为新兴国家，国际地位正在显著提高，国际话语权正在显著增强。

世情国情的快速变化表明，人类正进入一个需要理论也可以产生理论、需要思想也可以产生思想的时代。在这种时代背景下，党的十八大以来，以习近平同志为核心的党中央，大胆进行实践基础上的理论创新，围绕治国理政提出了一系列新理念新思想新战略，形成了习近平治国理政思想。

一、习近平治国理政思想的形成

党的十八大以来，习近平在推进中国特色社会主义伟大实践中不断深化对共产党执政规律、社会主义建设规律、人类社会发展规律的认识，针对我国改革发展稳定、内政外交国防、治党治国治军等方面提出一系列新理念新思想新战略，逐步形成了内容丰富、系统完整、思想深邃、逻辑严密的“习近平治国理政思想”，为新的历史时期进一步全面深化改革、扩大开放、加快推进社会主义现代化建设、实现中华民族伟大复兴，提供了思想指导、理论指引和行动指南。

习近平治国理政思想的主要内容包括：“实现中华民族伟大复兴中国梦”的发展目标、“坚持和发展中国特色社会主义”基本道路、“以人民为中心”的价值取向、以“五大理念”为核心内容的新发展理念、“四个全面”战略布局、“供给侧结构性改革”为主线的经济发展思想、实现国家治理体系和治理能力现代化的国家治理理论、“全面依法治国”的法治思想、“全面从严治党”的党建思想、“总体国家安全观”的国家安全思想、“人类命运共同体”的全球治理思想。

习近平治国理政思想包含多个层次、多个方面、多个维度。这一理论首先指明了发展目标、发展理念和基本道路，解决了最根本的道路方向和路径问题；其次围绕价值取向凝练出发展理念并依此设计出战略布局，解决了全局性的整体部署问题；最后在经济改革、政治建设、法治建设、社会建设、生态文明建设、全面从严治党、国家安全和全球治理等方面进行了深入思考，提出了一系列新思想，解决了关键领域的治理问题。上述各个方面相互关联、彼此支撑，组成一个有机整体，形成了一套科学的思想理论体系。

习近平治国理政思想是习近平以马克思主义为指导，运用一系列科学的思维、方法提出来的，概括起来为：找规律、观大势、谋全局、定关键、控底线、把统筹。

——关于“找规律”。习近平善于以历史眼光探寻人类社会的发展规律，总结过去发展经验，指明未来发展方向。

——关于“观大势”。习近平善于观察时代变迁和国际国内大势，正确研判形势，抓住机遇，顺势而为；化解不利因素，扭转乾坤。

——关于“谋全局”。习近平善于运用战略思维、系统思维，对根本性、全局性、长远性问题进行顶层设计，把握与掌控整体与全局。

——关于“定关键”。习近平善于区分主要矛盾和次要矛盾、矛盾的主要方面和次要方面，善于抓住主要矛盾和矛盾的主要方面，找准问题的关键点，制定精准的解决举措，形成反映时代诉求的思想理论。

——关于“控底线”。习近平强调，要善于运用“底线思维”，凡事从坏处准备，努力争取最好的结果，这样才能牢牢把握主动权。针对一些难题和挑战，客观地设定最低目标，争取最好的结果。

——关于“把统筹”。习近平善于科学统筹各项改革任务，组织协调各种改革举措，善于根据任务与举措的重轻急缓、主次难易、条件前提，部署改革推进的路径、步骤和次序。

习近平治国理政思想体现了四个统一：

科学社会主义理论逻辑和中国经济社会发展历史逻辑的统一。一方面，习近平强调要始终坚持科学社会主义的基本原则，老祖宗不能丢。因为中国特色社会主义是世界社会主义500年的结晶，是科学社会主义的中国版。另一方面，习近平又特别强调中国社会发展的历史逻辑，强调“独特的文化传统，独特的历史命运，独特的基本国情，注定了我们必然要走适合自己特点的发展道路”，并以此来增强中华民族的道路自信、理论自信、制度自信和文化自信。

理论继承和理论创新的统一。习近平治国理政思想深刻回答了新形势下党和国家事业发展的一系列重大理论和现实问题，既传承了中华优秀传统文化，同时又紧密结合当今世界形势和中国发展实际，提出了一系列新理念新思想新战略，是对中国共产党90多年奋斗历程中形成的实践经验、理论成果、光荣传统、优良作风的坚持与传承。习近平治国理政思想贯穿着马克思主义的世界观和方法论，集中体现了马克思主义的基本立场、观点和方法，因而它是与马克思列宁主义、毛泽东思想、邓小平理论、“三个代表”重要思想、科学发展观既一脉相承又与时俱进的理论体系。

时代特色和实践特色的统一。习近平指出，坚持问题导向是马克思主义的鲜明特点。习近平治国理政思想集中体现了这种问题意识，因而具有鲜明的时代特色和实践特色。习近平顺应时代潮流，把握时代发展大势，既立足于中国亿万人民的伟大实践又面向世界学习各国的先进经验，既从中国优秀传统文化中汲取滋养又及时总结党领导人民创造的新鲜经验，用一系列新思想新论断新观点，创造性地回答了当今时代和当代中国的新课题，从而开辟了马克思主义中国化新境界。

中国立场与世界胸怀的统一。习近平治国理政思想既鲜明地站在中国立场上，以实现中华民族伟大复兴为己任，反映中国人民诉求，表达中国人民愿望，同时又胸怀世界，放眼全球，统筹国内国际两个大局，积极创新外交理论和实践，提出构建“人类命运共同体”思想。这些思想充分体现了中国立场与世界胸怀的统一。

二、习近平治国理政思想的主要内容

习近平治国理政思想内涵丰富，内容涵盖改革发展稳定、内政外交国防、治党治国治军，是一个完整的科学理论体系。

——以“实现中华民族伟大复兴中国梦”为发展目标。

党的十八大之后，习近平回顾总结中华民族的发展历程，展望筹划中国未来发展前景，在进一步阐释党的十八大确立的“两个一百年”奋斗目标的基础上，论述和界定了中国梦的重大意义、内涵本质、实现路径、发展要求，形成了“实现中华民族伟大复兴中国梦”发展目标思想。习近平指出，实现中华民族伟大复兴是中华民族近代以来最伟大的梦想，这个梦想凝聚了几代中国人的夙愿，体现了中华民族和中国人民的整体利益，是每一个中华儿女的共同企盼。中华民族伟大复兴中国梦，既深刻地揭示了近代以来中国社会发展的历史过程，具体地指明了中华民族奋斗的历史使命，又形象地描绘了中国特色社会主义建设的宏伟愿景。

中国梦的本质是国家富强、民族振兴、人民幸福，实现中华民族伟大复兴。实现中国梦必须走中国道路、弘扬中国精神、凝聚中国力量。中国特色社会主义道路是实现中国梦的根本途径，是实现国家富强、民族振兴、人民幸福的必由之路。中华民族在漫长的历史长河中凝聚了强大的以爱国主义为核心的民族精神；同时，在祖国事业的建设过程中又凝聚了强大的以改革创新为核心的时代精神。每个人的前途命运都与国家和民族的前途命运紧密相连，中国梦的实现离不开中国人民万众一心的努力，需要一代又一代中国人为之不懈奋斗。

——“坚持和发展中国特色社会主义”基本道路。

道路决定命运。实现中华民族伟大复兴中国梦，必须坚持中国特色社会主义的基本道路。党的十八大以来，围绕坚持和发展中国特色社会主义，习近平提出了一系列重要观点、重要论断，形成了独具特色的“坚持和发展中国特色社会主义”基本理论，既回应了国内外少数人关于中国特色社会主义是不是社会主义的议论和质疑，也指明了中国社会主义建设的发展道路和前进方向，坚定了共产主义的理想信念。

改革开放以来，一些学者质疑中国特色社会主义是不是社会主义，以及是什么类型的社会主义。针对这些议论与质疑，习近平明确指出，“中国特色社会主义是社会主义而不是其他什么主义”，“历史和现实都告诉我们，只有社会主义才能救中国，只有中国特色社会主义才能发展中国，这是历史的结论、人民的选择”。

习近平系统地阐释了进一步发展中国特色社会主义的有关问题。他系统论述了坚持和发展中国特色社会主义的重要性，不论怎么改革、怎么开放，始终都要坚持中国特色社会主义道路、理论体系和制度。他鲜明地阐释了中国特色社会主义的特色所在，中国特色社会主义特就特在其道路、理论体系和制度上，特就特在其实现途径、行动指南、根本保障的内在联系上，特就特在这三者统一于中国特色社会主义伟大实践上。他极力主张以发展的观点对待科学社会主义，不断有所发现、有所创造、有所前进，不断丰富中国特色社会主义的实践特色、理论特色、民族特色、时代特色。他特别强调，要增强道路自信、理论自信、制度自信和文化自信，排除和纠正各种错误思想认识，毫不动摇地坚持、与时俱进地发展中国特色社会主义。

——“以人民为中心”的价值取向。

发展为了谁，发展成果由谁享有，这是确立发展理念、发展战略必须首先解决的问题。党的十八大以来，习近平围绕“以人民为中心”“人民立场”“民心”“人民群众获得感”等关键词提出了一系列新见解和新主张，逐步形成了“以人民为中心”的发展思想，进一步丰富和发展了中国特色社会主义人民观。

习近平特别强调要着力践行“以人民为中心”的发展思想。“以人民为中心”的发展思想，不是一个抽象的、玄奥的概念，不能只停留在口头上、止步于思想环节，而要体现在经济社会发展的各个环节。习近平的“人民立场”思想也是习近平治国理政思想的重要内容，他在庆祝中国共产党成立 95 周年大会上的讲话中指出，人民立场是中国共产党的根本政治立场，是马克思主义政党区别于其他政党的显著标志；党与人民风雨同舟、生死与共，始终保持血肉联系，是党战胜一切困难和风险的根本保证。

习近平吸取中国传统政治文化中“民惟邦本”“得民心者得天下”等思想要素，结合当今社会现实，形成了新的“民心”观，并做出了一系列具体表述：民心是最大的政治，正义是最强的力量；环境污染呈高发态势，成为民生之患、民心之痛；和平稳定是大势所趋，发展繁荣是民心所向；党要赢得民心，党中央要有权威，必须廉洁。为了更好地赢得民心，习近平结合具体工作的部署，强调各项工作要让人民群众有更多获得感。

——以“五大理念”为核心内容的新发展理念。

发展理念是发展行动的先导。发展理念对头不对头，从根本上决定着发展的成效乃至成败。在党的十八届五中全会上，习近平系统论述了创新、协调、绿色、开放、共享“五大理念”，成为指导经济与社会进步的新发展理念。新发展理念在深刻总结国内外发展经验教训、深刻分析国内外发展理论学说的基础之上，科学客观地揭示了经济社会发展规律，是我们党认识把握发展规律的再深化和新飞跃，进一步丰富发展了中国特色社会主义理论宝库。

牢固树立并切实贯彻新发展理念是关系我国发展全局的一场深刻变革，攸关“十三五”乃至更长时期我国的发展思路、发展方式和发展着力点。我国的经济建设已经取得了举世瞩目的成就，但也累积了一定的问题，需要新的发展理念给予解决和引领。把创新摆在国家发展全局的核心位置，推进理论创新、制度创新、科技创新、文化创新等各方面创新，实现综合竞争力不断增强的创新发展。把握好总体布局，处理好重大发展关系，实现和增强协调发展。推进资源节约型、环境友好型的可持续性的经济社会建设，坚持和实现绿色发展，建设美丽中国。奉行互利共赢的开放战略，发展更高层次的开放型经济，推进开放发展。坚持发展为了人民、发展依靠人民、发展成果由人民共享，通过有效的制度安排实现共享发展。

——协调推进“四个全面”战略布局。

实现中华民族的伟大复兴，推进中国特色社会主义伟大事业，必须根据形势发展进行谋篇布局。党的十八大以来，习近平明确提出了我们党在新形势下治国理政的总方略，即“四个全面”战略布局。“四个全面”战略布局是以习近平同志为核心的党中央从坚持和发展中国特色社会主义全局出发提出的战略布局，是党中央治国理政的总方略，是实现“两个一百年”奋斗目标、实现中华民族伟大复兴中国梦的“路线图”。“四个全面”战略布局的实施，表明新一届中央领导集体治国理政方略更加完善，标志着我们党对党的执政规律、对社会主义建设规律、对人类社会发展规律的认识达到新的高度，党带领人民向着宏伟目标的伟大进军又迈出重要一步。

习近平指出，“四个全面”战略布局，既有战略目标，也有战略举措，每一个“全面”都具有重大战略意义。全面建成小康社会是实现社会主义现代化和中华民族伟大复兴中国梦的阶段性战略目标，是现阶段党和国家事业发展的战略统领；全面深化改革是实现战略目标的关键一招、根本路径；全面依法治国是实现战略目标的基本方式、可靠保障；而全面从严治党是发挥党的坚强领导核心作用、为实现战略目标提供坚强组织保证的根本前提。把习近平提出的“四个全面”相辅相成、相互促进、相得益彰的总要求贯穿各项工作的全过程、各环节，为协调推进“四个全面”凝聚起更为强大的正能量、推动力。

——以“供给侧结构性改革”为主线的经济发展思想。

习近平主持召开中央财经领导小组第十一次会议时首次提出“供给侧结构性改革”之后，逐步形成了涵盖改革实质、改革重点、改革内容、改革目的、改革措施等方面的供给侧结构性改革经济发展思想。供给侧结构性改革是马克思主义基本方法在中国特色社会主义政治经济学中的重要运用，是对中国特色社会主义政治经济学中的发展经济理论、宏观经济理论、制度经济分析的重大突破，是一个系统的关于构建中国特色社会主义政治经济学的经济学革命。

供给侧结构性改革是认识、适应和引领经济发展新常态的重大创新。认识新常态、适应新常态、引领新常态，是我国经济发展的大逻辑。供给侧结构性改革是我国经济新常态阶段最为重大、最为深入、最为系统的经济改革，也是我国适应新常态、把握好新常态中新机遇的最为科学、最为可行、最为有效的经济发展与改革。

此外，党的十八大以来，以习近平同志为核心的党中央围绕发展中国特色社会主义经济还提出了其他新的重大战略思想和重要理论观点，包括：使市场在资源配置中起决定性作用和更好地发挥政府作用；公有制为主体、多种所有制经济共同发展的基本经济制度；把国有企业做大做强做优；健全城乡发展一体化体制机制，推进城乡要素平等交换、合理配置和基本公共服务均等化；加快构建开放型经济新体制，推进更高水平的对外开放，积极参与全球经济治理，构建人类命运共同体等。这些思想理论在新的历史条件下丰富和发展了马克思主义政治经济学和中国特色社会主义政治经济学，开创了中国特色社会主义政治经济学发展的新时代。

——实现国家治理体系和治理能力现代化的国家治理理论。

党的十八届三中全会提出，全面深化改革的总目标是完善和发展中国特色社会主义制度，推进国家治理体系和治理能力现代化。这是以习近平同志为核心的党中央对国家现代化、对改革发展认识的深化和系统化，对建设中国特色社会主义事业做出的新部署，对党治国理政思想的重大创新，对马克思主义国家学说的丰富和发展。

习近平指出，国家治理体系和治理能力是一个国家制度和制度执行能力的集中体现；国家治理体系是在党领导下管理国家的制度体系，是一整套紧密相连、相互协调的国家制度；国家治理能力则是运用国家制度管理社会各方面事务的能力。国家治理体系和治理能力是一个相辅相成的有机整体，有了好的国家治理体系才能真正提高治理能力，提高国家治理能力才能充分发挥国家治理体系的效能。作为治理体系核心内容的制度，其作用具有根本性、全局性、长远性，但是没有有效的治理能力，再好的制度和制度体系也难以发挥作用。

习近平指出，推进国家治理体系和治理能力现代化，必须完整理解和把握全面深化改革的总目标，这是两句话组成的一个整体，即完善和发展中国特色社会主义制度、推进国家治理体系和治理能力现代化。第一句话是根本方向和基本道路，即国家治理体系和治理能力现代化的方向和道路是中国特色社会主义道路。第二句话是实现条件和建设途径，即走好中国特色社会主义道路的条件和途径是不断地完善国家治理体系和提升国家治理能力。

——“全面依法治国”的法治思想。

依法治国是坚持和发展中国特色社会主义的本质要求和重要保障，是实现国家治理体系和治理能力现代化的必然要求。党的十八大以来，习近平围绕全面依法治国这个主题提出了一系列新思想，形成了丰富而深刻的习近平法治思想。其中最为核心的思想为：中国特色社会主义法治本质理论、党与法关系理论、法治中国建设理论、依宪治国依宪执政理论、法治与改革关系理论、依法反腐理论。

习近平提出，我们要坚持的中国特色社会主义法治道路，本质上是中国特色社会主义道路在法治领域的具体体现；我们要发展的中国特色社会主义法治理论，本质上是中国特色社会主义理论体系在法治问题上的理论成果；我们要建设的中国特色社会主义法治体系，本质上是中国特色社会主义制度的法律表现形式。习近平这段理论表明：中国特色社会主义法治道路、法治理论、法治体系隶属于中国特色社会主义道路、理论、制度，本质上是后者在法学和法治领域的具体体现与反映。

在党与法的关系上，习近平要求我们必须牢记“党的领导是中国特色社会主义法治之魂，是我们的法治同西方资本主义国家的法治最大的区别”。习近平所提出的重要的法治新思想还有：建设法治中国，必须坚持依法治国、依法执政、依法行政共同推进，坚持法治国家、法治政府、法治社会一体建设；宪法的生命在于实施，宪法的权威也在于实施；改革要有法据，同时立法要促进改革；要用制度管权管事管人，把权力关进制度的笼子里；等等。

——“全面从严治党”的党建思想。

无论是坚持和完善中国特色社会主义制度，还是推进国家治理现代化，成败在党。党的十八大以来，习近平高度重视党建，在多个场合强调了党要管党、从严治党，并提出一系列治党新思想新举措，形成了坚定、威严、科学的“全面从严治党”的党建思想。其核心思想包括思想建党、制度治党、从严治吏、严明党纪。

党的十八届六中全会总结了全面从严治党所取得的重大成就，其中关键的一点就是以习近平同志为核心的党中央坚持思想建党和制度治党紧密结合。坚持全面从严治党，一定要用好思想建党这个传家宝，抓好思想教育这个根本。思想建党是党建之源，制度治党是党建之本，二者一柔一刚，需要紧密结合。落实好全面从严治党的部署和要求，必须以改革精神推进党的制度建设，以法治思维和法治方式建制度、明法度、严约束，切实将制度治党贯穿于党建工作全过程，不断提高管党治党水平。治党制度的确立和完善，将使党的领导更加有力度、有效率、有威信。

“从严治党，关键是从严治吏”。从严治吏，要坚持从严选拔、从严培养和从严监督。选好人、用好人，是干部工作的底线。习近平多次强调，要加强纪律建设，把守纪律、讲规矩摆在更加重要的位置；要根据形势和党的建设需要不断完善党的纪律规定，确保系统配套、务实管用；党的各级组织要积极探索纪律教育经常化、制度化的途径；要坚持有纪必执，有违必查，使纪律真正成为带电的高压线。

——“总体国家安全观”的国家安全思想。

习近平在中央国家安全委员会第一次会议上首次提出总体国家安全观。总体国家安全观是以习近平同志为核心的党中央面对国家安全形势的新变化新特征新问题，提出并形成的国家安全思想，是十八大以来党中央治国理政新理念新思想新战略的重要组成部分。总体国家安全观产生于中国特色社会主义建设所处的复杂国内国际环境之中，既继承了中国传统的安全战略文化，又对新中国成立以来的国家安全战略思想进行了创新与升华。

总体国家安全观具有丰富的内涵与外延，可以归结为：（1）“五大要素”——以人民安全为宗旨，以政治安全为根本，以经济安全为基础，以军事、文化、社会安全为保障，以促进国际安全为依托；（2）“五对关系”——既重视外部安全又重视内部安全，既重视国土安全又重视国民安全，既重视传统安全又重视非传统安全，既重视发展问题又重视安全问题，既重视自身安全又重视共同安全；（3）“十一个重要领域”——政治安全、国土安全、军事安全、经济安全、文化安全、社会安全、科技安全、网络安全、生态安全、资源安全、核安全等领域。

强军思想是总体国家安全观的重要组成部分。党的十八大以来，为了更好地适应新的国际战略格局和国家安全形势，建设一支与我国国际地位相称、与国家安全和利益相适应的国防力量和强大军队，以习近平同志为核心的党中央统筹军队革命化、现代化、正规化建设，统筹经济建设和国防建设，提出了指导国防和军队改革创新的一系列重大方针原则，形成指导和实现强军目标的重大思想理论。

——“人类命运共同体”的全球治理思想。

党的十八大以来，习近平相继提出“中华民族命运共同体”“亚洲命运共同体”和“人类命运共同体”，并不断提出和丰富相关的国际关系与全球治理的新思想新战略新方案，构成了以“人类命运共同体”为主线的全球治理思想。其核心包括“一带一路”倡议，坚持“亲、诚、惠、容”周边外交理念，构建新型国际关系、坚持共商共建共享治理理念，等等。

“一带一路”是促进共同发展、实现共同繁荣的合作共赢之路，是增进理解信任、加强全方位交流的和平友谊之路。中国政府倡议，秉持和平合作、开放包容、互学互鉴、互利共赢的理念，全方位推进务实合作，打造政治互信、经济融合、文化包容的利益共同体、命运共同体和责任共同体。对于全球经济治理，习近平指出：各国要加强沟通和协调，照顾彼此利益关切，共商规则，共建机制，共迎挑战；全球经济治理应该以共享为目标，提倡所有人参与，所有人受益。这些论述表明，全球治理要坚持共商共建共享的理念。中国在杭州G20峰会、“一带一路”国际合作高峰论坛等重要国际场合，一直倡导共商共建共享的全球治理理念。

习近平指出，中国周边外交的基本方针是坚持与邻为善、以邻为伴，坚持睦邻、安邻、富邻，突出亲、诚、惠、容的理念。习近平还提出要推动建立以合作共赢为核心的新型国际关系。大国之间相处，要不冲突、不对抗、相互尊重、合作共赢。大国与小国相处，要平等相待，践行正确义利观，义利相兼，义重于利。

三、习近平治国理政思想的历史方位

（一）习近平治国理政思想是系统完善的科学理论体系

习近平治国理政新理念新思想新战略，是个系统完整的科学理论体系，是马克思主义中国化最新成果，是坚持和发展中国特色社会主义，保证党和国家各项事业继续胜利前进，实现党长期执政、国家长治久安的科学理论指导和行动指南。

习近平治国理政思想在新的历史条件下创造性地解答了中国特色社会主义现代化建设和实现中华民族伟大复兴的发展目标、基本道路、价值取向、发展理念、战略布局、法治思想、领导核心、改革方法、国家安全观、全球治理主张等根本性、全局性、战略性问题，是一个完整的科学理论体系。习近平治国理政思想贯穿了马克思主义的立场、观点和方法，既是世界观、价值观，又是认识论、方法论，全党全军全国各族人民能够用以武装头脑、指导实践，推动工作取得新成效。

习近平治国理政思想是把马克思主义基本原理同当代

中国实际和时代特征紧密结合推进理论创新、实践创新，在中国特色社会主义伟大实践中不断深化对共产党执政规律、社会主义建设规律、人类社会发展规律的认识所形成的思想理论结晶；是马克思主义中国化的最新成果，开辟了马克思主义中国化的新境界，是指导具有许多新的历史特点的伟大斗争的鲜活的马克思主义；是对中国特色社会主义理论体系的创新和发展；是对中华民族传统优秀文化的传承和升华；是指导党和国家全部工作、实现中华民族伟大复兴的强大思想武器和理论武器。从习近平治国理政思想形成的历史背景、理论渊源、实践基础、方式方法来看，它和马克思列宁主义、毛泽东思想、邓小平理论、“三个代表”重要思想、科学发展观是既一脉相承又与时俱进的理论体系。

（二）习近平治国理政思想具有重大时代意义

习近平治国理政思想的一个重要特征是立足于当代中国实际和当今的时代实践，运用马克思主义基本原理进行理论创新和实践创新，实现中国特色社会主义理论体系的创新和发展。习近平治国理政思想的重大时代意义既表现为其诞生于当今时代的独特实践，又表现为其为当代实际问题和时代课题提供了解决方案，指明了道路方向。

当今中国正处于向“两个一百年”宏伟目标进行冲刺的关键阶段。在中国共产党成立一百年时全面建成小康社会，这是中国梦的第一个宏伟目标；在中华人民共和国成立一百年时建成社会主义现代化国家，这是中国梦的第二个宏伟目标。面对这两大宏伟目标，我国经济建设和社会发展的任务并不轻松，经济发展处于从高速到中高速的增长速度换挡期、结构调整的阵痛期、前期刺激政策的消化期，此外还面临着环境约束加剧、道德文化建设有待加强等问题。在党的建设和发展方面，中国共产党自成立以来90多年的发展史证明，我们党是始终坚持马克思主义政党性质、理想、宗旨和奋斗目标的党，是代表全民族根本利益、全心全意为人民服务的党，是团结带领人民不懈奋斗，取得革命、建设、改革巨大成就的党，是中国特色社会主义事业的领导核心；面向未来，对我们党如何保持青春活力、如何保持先进性纯洁性、如何确保党的团结统一等问题也必须给予重视。上述国情、党情表明，改革发展稳定任务之重前所未有，矛盾风险挑战之多前所未有，对党治国理政的考验之大前所未有。习近平治国理政思想为应对上述挑战、解决上述问题提供了理论遵循和实践指南。

当今的世界正处于全球治理秩序重新调整甚至重新构建的关键阶段。部分发达国家的逆全球化思潮不断抬头，世界贸易投资秩序面临严峻挑战，发展中国家力量不断壮大，全球治理体系面临深刻变革。面对世界“乱象”，习近平治国理政思想倡导的“构建人类命运共同体”理念被写入联合国决议。此时，中国迎来了“引领世界”的重要战略机遇期。习近平推进的“一带一路”建设、构建人类命运共同体的理念和主张、新型经济全球化的方案和行为，在这个关键而特别的历史时期必将对构建全球治理新秩序做出中国贡献。

（三）习近平治国理政思想具有深远历史意义

习近平治国理政思想具有深远的历史意义，只有运用大历史观、通过历史的大逻辑大视野才能认识和把握这一意义。习近平是一位具有广博历史知识和深厚文化修养的马克思主义政治家，善于从人类发展的历史中得出规律性认识，并用以回答和解决当今的问题，以及研判未来的发展趋势。习近平一再强调，“历史、现实、未来是相通的”，“中国的今天是从中国的昨天和前天发展而来的。要治理好今天的中国，需要对我国历史和传统文化有深入了解，也需要对我国古代治国理政的探索和智慧进行积极总结”。为此，习近平治国理政思想挖掘历史、把握当代、面向未来，从古今中外的历史中汲取治国理政智慧，具有非常厚重、深远的历史内涵。

习近平治国理政思想中的许多重要论断都能体现出深邃的历史洞见与清晰的发展走向。比如，习近平从世界社会主义 500 年发展的历史进程中阐释今天我们党为何要坚持和发展中国特色社会主义。他把世界社会主义 500 年发展史划分为 6 个阶段：空想社会主义产生和发展、马克思恩格斯创立科学社会主义理论体系、列宁领导十月革命胜利并实践社会主义、苏联模式逐步形成、新中国成立后我们党对社会主义的探索和实践、我们党做出进行改革开放的历史决策并开创和发展中国特色社会主义。习近平把中国特色社会主义作为世界社会主义发展 6 个阶段中的一个完整阶段进行定位，指出了中国特色社会主义从哪里来、往哪里去，既揭示了中国特色社会主义的发展规律，又揭示了世界社会主义的发展趋势。

回顾历史，我们可以清晰地看到，习近平治国理政思想折射了中华民族 5 000 年文明史、世界社会主义 500 年发展史、中国人民 170 多年追求民族复兴斗争史、中国共产党近 100 年奋斗史、新中国近 70 年建设史、党的十一届三中全会以来近 40 年改革开放史的宝贵历史经验；面向未来，习近平治国理政思想前瞻性地回答了在国内如何实现“两个一百年”奋斗目标，即在 2020 年实现全面建成小康社会和 2049 年基本实现现代化，在国际上如何构建人类命运共同体等重大战略问题，指明了实现中华民族伟大复兴的发展道路和人类未来更长远的发展方向。

为了更全面、更深刻、更细致地学习和领会习近平治国理政思想，中国人民大学组织全校的知名专家学者，研讨、撰写、出版“‘治国理政新理念新思想新战略’研究丛书”。靳诺书记、刘伟校长担任丛书主编，进行部署与指导；刘元春副校长、罗来军教授进行策划，并组织丛书研讨、撰写与出版等具体工作。丛书作者大多为中国人民大学国家发展与战略研究院和教育部人文社会科学重点研究基地——中国特色社会主义理论体系研究中心的专兼职研究员。该丛书分为十卷：理论卷、经济卷、政治卷、法治卷、社会卷、历史文化卷、科技教育卷、生态文明卷、治党卷、外交卷，从多个领域深入领会、梳理与呈现习近平治国理政思想。该丛书出版中文版、英文版，并同时在国内外发行，以便更广泛地促进习近平治国理政思想的学习与传播。这十卷著作将会为人们学好用好习近平治国理政思想带来有益的帮助。

目 录

导言　从历史与现实两个维度看“全面从严治党”　1

一、历史继承与时代要求　1

二、党风关系党的生死存亡　6

三、严明纪律、严守规矩　8

四、“抓关键少数”，率先垂范　10

五、思想建党与制度治党有机结合、良性互动　11

第一章　党的领导是中国特色社会主义的本质特征　17

一、坚持党的领导是党和国家的根本所在、命脉所在　19

二、加强党的领导关键是坚持党中央的集中统一领导　24

三、始终坚持党总揽全局、协调各方的领导核心地位　29

第二章　管党治党一刻不能松懈　37

一、党要管党、从严治党是党的建设的一贯要求和根本方针　39

二、全面从严治党基础在全面，关键在严，要害在治　44

三、全面从严治党必须落实管党治党主体责任　50

第三章 将思想建党和制度治党紧密结合 55

一、理想信念是共产党人精神上的“钙” 58

二、坚持用科学理论武装头脑 65

三、扎紧制度的笼子，依规管党治党 68

四、用制度管权、治吏 74

第四章 作风建设永远在路上 83

一、党的作风关系党的生死存亡 85

二、作风建设的核心是保持党同人民群众的血肉联系 89

三、作风问题本质上是党性问题 92

四、领导干部率先垂范，健全加强作风建设的长效机制 95

第五章 坚持以零容忍态度惩治腐败 101

一、“腐败问题对我们党的伤害最大” 103

二、坚决打赢反腐败这场正义之战 108

三、推进反腐败体制机制创新 117

第六章 用铁的纪律维护党的团结统一 123

一、加强党的纪律建设的重要性 125

二、严明党纪，把纪律挺在前面 129

三、使纪律真正成为带电的高压线 137

导言　从历史与现实两个维度看“全面从严治党”

2016 年 10 月，习近平总书记在党的十八届六中全会第二次全体会议上的讲话中指出，“全面”是十八大以来从严治党的主要特点，并从抓思想从严、抓管党从严、抓执纪从严、抓治吏从严、抓作风从严、抓反腐从严六个方面进行了概括[①]。回顾党的十八大以来以习近平同志为核心的党中央管党治党的理论与实践，“全面从严”确实构成其最鲜明的特色，也是其最重要的成就和经验。下面，我们从历史和现实、理论和实践的结合上尝试做一分析和归纳。

一、历史继承与时代要求

中国共产党早在延安时期便形成了党的建设的系统思想，

---

① 习近平．在党的十八届六中全会第二次全体会议上的讲话（节选）．求是，2017（1）．

新中国成立后，这些思想基本上延续下来。但是，由革命党成为执政党的地位变化，促使毛泽东等中央领导人高度重视党脱离群众的危险，努力保持战争年代与人民群众的那种鱼水或血肉联系。为此，毛泽东反复强调并借助各种整党整风及其他运动反对官僚主义、命令主义、形式主义，尤其是反对官僚主义。

改革开放新时期到来后，以邓小平同志为核心的党的第二代中央领导集体，一方面继承党建的优良传统，另一方面也在思索教训。1980 年初，邓小平明确提出，执政党应该是一个什么样的党，执政党的党员应该怎样才合格，党怎样才叫善于领导?[①] 这是一个包含着丰富历史内涵的发问。这个发问表明，中国共产党开始认真思考革命思维、行为与执政思维、行为的关系，因而真正开启了完整意义上的执政党建设历程。鉴于党执政后的教训，邓小平十分重视制度建设，强调制度更具根本性、全局性、稳定性。这一思想反映到党建领域，引发人们对过去“运动治党”的反思。党的十三大特别提出：“在党的建设上走出一条不搞政治运动，而靠改革和制度建设的新路子。”[②]

进入 20 世纪 90 年代后，随着市场经济迅速发展，随着社会阶层和利益格局的多样化进展，以江泽民同志为核心的党的第三代中央领导集体集中思考的一个重大问题是如何在新的时代定位中国共产党，即党的历史方位问题。换言之，即如何进

① 邓小平. 邓小平文选：第 2 卷. 北京：人民出版社，1994：276.

② 中共中央文献研究室. 十三大以来党的重要文献选编：上. 北京：人民出版社，1991：54.

一步巩固党的阶级基础和扩大党的群众基础，既是名副其实的工人阶级先锋队，同时又是利益各方的协调中心，代表着全国人民和中华民族的整体利益和根本利益。“三个代表”重要思想就是这种思考的理论成果。及至以胡锦涛同志为总书记的党中央，则明确提出了党的建设“科学化”的总要求，这一要求一方面内含着“五位一体”的党建布局的系统化，另一方面内含着党建理念、理论、实践与时俱进的追求。

党的十八大报告关于执政党建设的论述，可以说是对改革开放以来执政党建设成功经验与原则的大总结。进一步言之，“一个总要求”“四大考验”“四种危险”“两大历史性课题”“一条主线”“五位一体”的党建布局，提高“四种能力”，实现“一个目标”的概括，内容全面、逻辑严谨。首先点明“以改革创新精神全面推进党的建设新的伟大工程，全面提高党的建设科学化水平”这一党建总要求，是为第一个层次。其次揭示出这一总要求的依据或背景，即面临的“四大考验”（长期执政、市场经济、改革开放、外部环境）、“四种危险”（精神懈怠、能力不足、脱离群众、腐化变质）和由此产生的“两大历史性课题”（不断提高党的领导水平和执政水平，提高拒腐防变和抵御风险能力），是为第二个层次。而要成功解决好两大历史性课题，经受住考验，克服潜在的危险，就必须明确党建主线（加强党的执政能力建设、先进性和纯洁性建设），同时要紧密围绕这条主线进行“五位一体”的建设，切实不断提升“自我净化、自我完善、自我革新、自我提高”的能力，是为第三个层次。执政党建设的所有要求和举措最终都是为了实现“建设学习型、服务型、创新型的马克思主义执政党，确保党始终成为中国特色社会主义事业的坚强领导核心”这一目标，是为第四个层次。实际上，上述逻辑内的党建指导方针均非第一次提出，它们有的是以江泽民同志为核心的党的第三代中央领导集体提出的，更多的是以胡锦涛同志为总书记的党中央提出的。当然，总结和重申中也有新概括，如首次将纯洁性列入党的建设主线中等。以上述党建战略思想为背景，党的十八大提出围绕保持党的先进性和纯洁性，在全党深入开展以为民务实清廉为主要内容的党的群众路线教育实践活动，着力解决人民群众反映强烈的突出问题，坚守为人民服务的根本宗旨和以人为本、执政为民的最高政治标准。

从上述党建历史长河中看以习近平同志为核心的党中央管党治党的思想和实践，其特点就比较清楚了，那就是以党风廉政建设为突破口、首要着力点，将执政党建设推进到“全面从严治党”的新阶段。这一新思想新理念新战略新实践，既是对已有党建思想的继承和发扬，又是适应时代要求的发展和超越。我们知道，经过30多年的改革开放，到党的十八大前后，世情国情党情均发生了巨大变化，需要中国共产党准备进行具有许多新的历史特点的伟大斗争。概括言之，在21世纪的第一个10年过去后，中国国家实力和民众生活水平有了巨大提升，中国已经成为第二大经济体、第一大贸易国，正处在全面建成小康社会的关键时期、冲刺阶段。中国比历史上任何时期都更接近实现中华民族伟大复兴的目标，比历史上任何时期都更有信心、更有能力实现这个目标。但同时也要看到，越接近目标，面临的考验就越大，遇到的问题就越复杂。就国际环境看，一方面是经济全球化、世界多极化、信息化、文明多样化的深入发展；另一方面，新的贸易保护主义、单边主义和霸权行径、复杂的外交博弈和意识形态之争则又是“你方唱罢我登场”。一方面，随着中国经济实力的增长，中国的国际地位与影响力与日俱增；另一方面，国际资本的强大压力甚至对中国的围堵则明显存在，中国增强国际话语权，参与国际规则制定甚至引领全球治理体系机制变革，以更好地维护自身和发展中国家权益的任务空前重要。就中国国内而言，一方面，社会主义现代化建设成就令国人骄傲、世人瞩目；另一方面，转变经济发展方式、实施供给侧改革任务艰巨，地区与城乡均衡发展和生态文明建设任重道远。在全面建成小康社会、实现共同富裕的历程中，要处理好各种事关全局的重大关系、打破固化的利益藩篱，要向贫困宣战，要全面深化改革、全面推进依法治国，要在建设高度物质文明的同时建设高度的精神文明，在市场经济和全方位对外开放的环境中，在社会阶层结构和人们价值追求、审美偏好日趋复杂与多元的背景下，弘扬和践行社会主义核心价值观等，这一切均构成严峻挑战与考验。就中国共产党自身而言，一方面，改革开放 30 多年的辉煌成就，证明了党作为中国社会主义现代化建设领导核心当之无愧，证明了只有坚持党的领导才能发展中国、发展社会主义，证明了与时俱进、与时代共舞是中国共产党的优秀品格也是其成功的奥秘；但是，另一方面，在市场经济和长期执政的考验面前，部分党员干部理想信念淡漠、目无组织纪律，脱离群众、高高在上，作风漂浮、粗暴，甚至大搞特权、贪污腐化，严重地侵蚀着党的先进性纯洁性，侵蚀着党执政的基础。治国必先治党、治党务必从严，这是我们党宝贵的历史经验，也是现实和时代的呼唤。只有把党建设好，我们才能统筹好国际国内两个大局，才能团结全国人民、凝心聚力，涉激流、历险滩，全面建成小康社会，实现中华民族的伟大复兴。

二、党风关系党的生死存亡

党风关系党的形象，关系人心向背，关系党的生死存亡。这一认识在20世纪80年代改革开放初期已为邓小平、陈云等老一辈革命家所不断强调。一方面，十年“文化大革命”带来的派性和极左思想等消极因素形成对党风的严重干扰；另一方面，随着对“文化大革命”极左错误的纠正和商品经济的发展，一些党员干部信仰动摇、物欲膨胀，甚至以权谋私、违法乱纪，严重损害党的形象和威信。为了保持良好的党风，改革开放以来的历届中央领导集体都投入大量精力进行探索。这其中有成就和创新，但不能否认的是，不良党风和腐败问题却也“道高一尺，魔高一丈”，大有愈演愈烈之势。如何治愈这一痼疾，提振党心民心，成为以习近平同志为核心的党中央的重大课题。党风廉政建设需要标本兼治，这是没有疑问的。治本需要坚忍不拔、持之以恒；治标则是决心和信心的表征。标不能治，何谈治本。十八大以来的中共中央，在标本兼治原则下，首先要通过治标显示出从严治党的决心和勇气来。

正是在上述背景下，我们看到习近平总书记首先抓住的是通过反“四风”落实为民务实清廉的群众路线教育要求，讲执政党建设讲得最多的是党风廉政建设。习近平总书记当选后，在首次与新闻记者见面会上便讲到党风廉政问题，指出：新形势下，我们党面临着许多严峻挑战，党内存在着许多亟待解决的问题。尤其是一些党员干部中发生的贪污腐败、脱离群众、形式主义、官僚主义等问题，必须下大气力解决。此后，党风廉政建设成为习总书记阐述较多的话题之一，尤其是在群众路线教育实践活动期间以及“三严三实”教育活动期间，内容包括剖析形式主义、官僚主义、享乐主义、奢靡之风的具体表现和危害，提出反“四风”的具体要求和做法，论述优良党风和廉政的思想与制度保证，落实“三严三实”的体现等，系统而全面，但着重强调的是以下几个方面：其一，加强和改进党的作风建设，核心问题是保持党同人民群众的血肉联系。马克思主义执政党的最大危险就是脱离群众。如果任不良风气发展下去，我们党就会失去根基、失去血脉、失去力量。其二，“四风”问题与世界观、人生观、价值观有密切联系。要教育引导广大党员、干部坚定理想信念、坚守共产党人精神家园，不断夯实党员干部廉洁从政的思想道德基础，严于修身、严于律己、严于用权，筑牢拒腐防变的思想道德防线。其三，制度更具有根本性、全局性、长期性、稳定性。要健全党规党法，健全权力运行制约和监督体系，让人民监督权力，让权力在阳光下运行，把权力关进制度的笼子里。其四，弘扬党的历史上行之有效的作风建设的经验，如艰苦奋斗的精神追求，尤其是以整风精神开展批评与自我批评，以严肃党内政治生活，反对自由主义、好人主义。其五，问题导向与相信群众、敞开大门整顿作风。聚焦和解决群众反映强烈的突出问题；让群众参与，让群众监督，诚恳请群众评判。其六，领导干部要率先垂范，严字当头、从严从实。从中央做起，各级主要领导要亲自抓党建抓党风、做表率；坚持高标准、严要求。其七，坚持以零容忍态度、高压态势惩治腐败，以猛药去疴、重典治乱的决心，以刮骨疗毒、壮士断腕的勇气，“老虎、苍蝇一起打”，坚决把党风廉政建设和反腐败斗争进行到底。其八，充分认识党风廉政建设的复杂性、长期性、艰巨性。党风廉政建设没有休止符，永远在路上。正是在上述思想的指导下，党的十八大以来党建领域成效最明显的是党风开始好转、腐败多发高发势头得到有效遏制，执政党建设也因此有了一个良好的开局。

三、严明纪律、严守规矩

在推进全面从严治党的过程中，将纪律建设摆在更加突出的位置上，强调集中统一、严明纪律，坚持纪严于法、纪在法前，用铁的纪律维护党的团结统一，构成党的十八大以来党建理论和实践的鲜明特色。对于一个马克思主义政党来说，严明纪律、严守规矩的首要之义是讲政治，是严明政治纪律、政治规矩。对此，习近平总书记在 2017 年 2 月 13 日省部级主要领导干部学习贯彻十八届六中全会精神专题研讨班开班式上的讲话中指出：历史经验表明，我们党作为马克思主义政党，必须旗帜鲜明讲政治，严肃认真开展党内政治生活。讲政治，是我们党补钙壮骨、强身健体的根本保证，是我们党培养自我革命勇气、增强自我净化能力、提高排毒杀菌政治免疫力的根本途径。什么时候全党讲政治、党内政治生活正常健康，我们党就风清气正、团结统一，充满生机活力，党的事业就蓬勃发展；反之，就弊病丛生、人心涣散、丧失斗志，各种错误思想得不到及时纠正，给党的事业造成严重损失[①]。新形势下讲政治的首要之义就是要坚决维护党中央权威，坚持党中央的集中统一领导，全党必须牢固树立政治意识、大局意识、核心意识、看齐意识，自觉在思想上政治上行动上同党中央保持高度一致，保证令行禁止。换言之，新形势下加强和规范党内政治生活，严明政治规矩、政治纪律，就要着力增强党内政治生活的政治性、时代性、原则性、战斗性。增强党内政治生活的政治性，就是党内政治生活要把握坚定正确的政治方向，引导党员、干部自觉维护党中央权威、维护党的团结和集中统一。增强党内政治生活的时代性，就是党内政治生活要紧跟时代步伐、聆听时代声音、回答时代课题，及时发现和解决党内出现的新问题，使党内政治生活始终充满活力。增强党内政治生活的原则性，就是党内政治生活要坚持党的思想原则、政治原则、组织原则、工作原则，按原则处理党内各种关系，按原则解决党内矛盾和问题。增强党内政治生活的战斗性，就是党内政治生活要旗帜鲜明坚持真理、修正错误，勇于开展批评和自我批评，使每个党组织都成为激浊扬清的战斗堡垒，使每个党员都成为扶正祛邪的战斗员。

---

① 习近平在省部级主要领导干部学习贯彻十八届六中全会精神专题研讨班开班式上发表重要讲话．人民日报，2017-02-14.

严明纪律、严肃党纪包括多方面的内容，除政治纪律、政治规矩外，还有组织纪律、工作纪律等，它们在许多情况下是密切联系甚至交织在一起的。纪律建设是全面的、立体的，健全完善相关制度，深入开展纪律教育，养成纪律自觉，狠抓执纪监督，让纪律成为带电的高压线，才能用纪律管住全体党员，才能保证我们党能够带领全国人民胜利进行具有许多新的历史特点的伟大斗争。

四、“抓关键少数”，率先垂范

高度集中统一是中国共产党的组织特征，也是管党治党能够富有成效的原因。在这一制度体制运行中，领导干部尤其是高级领导干部具有举足轻重的意义。“抓关键少数”，率先垂范，以上率下，可以说是党的十八大以来以习近平同志为核心的党中央管党治党的又一亮点。无论就国际共产主义运动历史而言，还是就中国共产党的历史而言，“政治路线确定之后，干部就是决定的因素”是经验之谈。就党的建设来说也是如此，尤其是高级干部的示范作用。以八项规定为例，党的十八大之后所以得到贯彻执行，关键是政治局、政治局常委、总书记率先垂范。综观习近平总书记有关党的高级干部在全面从严治党中做表率的论述，可以看到，他首先强调的是，党的高级干部要做严肃党内政治生活的表率，始终把握正确政治方向，坚持政治立场和政治原则，遵守政治纪律和政治规矩，坚守正道、弘扬正气，坚持原则、敢抓敢管；要自觉经常同党中央对表，校准自己的思想和行动；要自觉站在党和国家大局上想问题、办事情，把党中央大政方针不折不扣落实到位。其次他反复重申，领导干部特别是高级干部必须加强自律、严格自律、慎独慎微，经常对照党章检查自己的言行，加强党性修养，陶冶道德情操，始终心存敬畏、手握戒尺，增强政治定力、纪律定力、道德定力、抵腐定力，始终不放纵、不越轨、不逾矩，永葆共产党人政治本色。进一步言之，其一，要注重自觉同特权思想和特权现象做斗争，从自己做起，从身边人管起，从最近身的地方构筑起预防和抵制特权的防护网。其二，要注重在选人用人上把好方向、守住原则，坚持党管干部原则，带头执行党的干部政策，坚决纠正各种不正之风。其三，要注重防范被利益集团“围猎”，坚持公正用权、谨慎用权、依法用权，坚持交往有原则、有界限、有规矩。其四，要注重自觉主动接受监督，对党忠诚老实，不能以任何借口而拒绝监督，党组织也决不能以任何理由而放松监督。

五、思想建党与制度治党有机结合、良性互动

习近平总书记指出，标本兼治是我们党管党治党的一贯要求。深入推进全面从严治党，必须坚持标本兼治。管党治党从宽松软走向严紧硬，需要经历一个砥砺淬炼的过程，要严字当头、实字托底，步步深入、善作善成。要坚持治标不松劲，不断以治标促进治本，既猛药去疴、重典治乱，也正心修身、涵

养文化，守住为政之本[①]。党的建设只有进行时，没有完成时。从治本的角度而言，习近平总书记特别重视思想建党与制度治党的有机结合和良性互动，可以说思想理论建设与依规治党是执政党建设的两大关键，两轮驱动、缺一不可。

思想理论建设，包括对马克思主义的信仰、对共产主义的信仰、对中国特色社会主义的信念信心，包括与时俱进地发展马克思主义理论、发展中国特色社会主义理论体系，包括制定和实施符合中国国情、符合时代特征的治国理政的路线方针政策等。在这些内容中，习近平总书记论述理想信念的讲话给全党给世人留下深刻的印象。可以说，重视理想信念是我们党的一大特色和重要法宝。20 世纪 90 年代以来，党员干部的理想信仰遭受市场经济规则的严峻挑战。对此，中共中央是有充分认识的，江泽民、胡锦涛在总书记任内谈及执政党建设存在的问题时，几乎都会将理想信念作为第一项需要大力加强的工作提出来。习近平同志原来作为第十七届中央领导集体中主管党建工作的领导人，也是如此。党的十八大以来，习近平总书记几乎每逢讲党建都要反复强调理想信念的重要性，强调“三观”（世界观、人生观、价值观）这个思想“总开关”的重要性，强调对马克思主义的信仰、对社会主义和共产主义的信念，是共产党人的政治灵魂，是共产党人经受住任何考验的精神支柱。

邓小平早在改革开放初期便提出了制度更具有根本性、全局性、长期性的战略思想，并且在 1992 年南方谈话中预计，

① 习近平在十八届中央纪委七次全会上发表重要讲话. 人民日报，2017-01-07.

再有30年的时间中国将在各方面形成比较稳定的制度。党的十八届三中全会通过了《中共中央关于全面深化改革若干重大问题的决定》，贯穿其中的一条红线便是制度建设，明确到2020年前后形成比较完备、定型的制度体系。党的十八届四中全会讨论通过的《中共中央关于全面推进依法治国若干重大问题的决定》，更是推进制度建设的典型。党的建设离不开中国特色社会主义建设的整体，相反是其重要组成部分和重要体现之一，这是习近平总书记强调党建中制度建设重要性的大背景，也是党建科学化的内在要求。当然，党建中的制度建设又有自己的特点，习总书记在谈及制度治党、依规治党问题时，除了阐述制度建设的重要性之外，特别重视以下几个方面：其一，要把党内法规制度建设作为事关党长期执政和国家长治久安的重大战略任务，加快构建以党章为根本、若干配套党内法规为支撑的党内法规制度体系，扎紧制度的笼子，把依规治党贯彻全面从严治党的全过程。其二，要把形成完善的党内法规体系确立为全面推进依法治国总目标的重要内容，努力形成国家法律法规和党内法规制度相辅相成、相互促进、相互保障的格局。其三，创新党规、制度，既要务实管用，突出针对性和指导性，又要搞好配套衔接，做到彼此呼应，增强整体功能，搞好顶层设计。其四，增强制度的刚性约束，强化执纪检查力度，不能让制度成为摆设、成为“稻草人”，要坚决防止“破窗效应”、突破制度红线。其五，养成遵从制度、捍卫制度，制度面前人人平等的良好意识和自觉性，用制度管权管事管人。正是在上述制度治党、依规治党的思想指导下，党的十八大以后党规党纪的制度之网愈编愈快、愈编愈密。截至2017

年4月底，党中央新出台和修订的党内法规已经超过50部，占现行党内法规总数的1/3，以党章为核心，以准则、条例、规定和各类规范性文件为支撑的党内法规体系已经基本形成。尤其是党的十八届六中全会讨论通过的《关于新形势下党内政治生活的若干准则》《中国共产党党内监督条例》（修订），更可以被视为依规治党的里程碑式标志。

完全可以说，思想理论建设和制度建设是保证执政党建设不断前行的两大支柱、关键，缺一不可，如车之两轮、鸟之两翼。历史和现实也能对此提供足够证明。实际上，制度的主要功能在于设定行为的下限或底线，思想、信仰则主要用来提升人的境界、操守，包括遵守制度的自觉性等。两者相互配合，执政党建设便能达到较为理想的境地。正如习近平总书记所指出的，坚持思想建党和制度治党紧密结合。从严治党靠教育，也靠制度，二者一柔一刚，要同向发力、同时发力。要使加强制度治党的过程成为加强思想建党的过程，也要使加强思想建党的过程成为加强制度治党的过程①。

总之，党的十八大以来，以习近平同志为核心的党中央把全面从严治党纳入战略布局，着力从严从细抓管党治党；加强和规范党内政治生活，着力净化党内政治生态；严抓中央八项规定精神落实，着力从作风建设这个环节突破；严明党的政治纪律和政治规矩，着力真管真严、敢管敢严、长管长严；坚持反腐败无禁区、全覆盖、零容忍，着力遏制腐败滋生蔓延势

---

① 中共中央文献研究室．习近平总书记重要讲话文章选编．北京：中央文献出版社，2016：171.

头；全面强化党内监督，推动全面从严治党不断向纵深方向发展。经过全党共同努力，党的各级组织管党治党主体责任明显增强，中央八项规定精神得到坚决落实，党的纪律建设全面加强，腐败蔓延势头得到有效遏制，反腐败斗争压倒性态势已经形成，党内政治生活呈现新的气象。当然，在充分肯定全面从严治党取得显著成效的同时，还必须充分认识到管党治党的伟大工程仍然任重道远，正所谓“路漫漫其修远兮，吾将上下而求索”。

第一章

党的领导是中国特色社会主义的本质特征

中国共产党自创立以来一直强调把党自身建设的“伟大工程”与党领导的伟大事业统一起来。党的十八大以来，以习近平同志为核心的党中央继承并发展了这一传统，将全面从严治党纳入治国理政的整体战略布局，统筹考虑“伟大工程”与“伟大事业”。随着“四个全面”战略布局的推进，中国共产党关于这两者关系的认识也在不断深化。

一、坚持党的领导是党和国家的根本所在、命脉所在

共产主义政党自诞生起就与消灭剥削、实现共产主义这一根本目标密不可分。1848 年，马克思恩格斯在《共产党宣言》中明确指出，共产党人的最近目的是“使无产阶级成为阶级，推翻资产阶级的统治，由无产阶级夺取政权”[①]。随后在领导“第一国际”时，马克思恩格斯再次强调“工人阶级在它反对有产阶级联合权力的斗争中，只有组织成为与有产阶级建立的一切旧政党对立的独立政党，才能作为一个阶级来行动；工人阶级这样组织成为政党是必要的，为的是要保证社会革命获得胜利和实现这一革命的最终目标——消灭阶级”[②]。理论如此，实践亦然。巴黎公社存在 72 天，即以失败告终，其重要原因在于没有一个共产主义政党的领导。俄国这样一个相对落后的

① 马克思，恩格斯. 马克思恩格斯选集：第 1 卷. 北京：人民出版社，2012：413.

② 马克思，恩格斯. 马克思恩格斯全集：第 17 卷. 北京：人民出版社，1963：455.

国家能够取得十月革命的胜利，很大程度上要归功于它有一个坚强的共产主义政党的领导。

在领导建立了世界上第一个社会主义国家之后，列宁结合俄国革命和执政初期的经验，强调在向共产主义过渡的无产阶级专政时期“党是直接执政的无产阶级先锋队，是领导者”[①]。因为“只有工人阶级的政党，即共产党，才能团结、教育和组织无产阶级和全体劳动群众的先锋队，而只有这个先锋队才能抵制这些群众中不可避免的小资产阶级动摇性，抵制无产阶级中不可避免的种种行业狭隘性或行业偏见的传统和恶习的复发，并领导全体无产阶级的一切联合行动，也就是说在政治上领导无产阶级，并且通过无产阶级领导全体劳动群众”[②]。但苏联共产党在执政末期忘记了列宁的这一告诫，主动放弃了党的领导地位，最终丧失了执政地位并导致国家解体。

1921 年，中国共产党的建立让中国革命进入了新的发展阶段，中国人民有了可以信赖的组织者和领导者。正如毛泽东在《论联合政府》中所指出的：“三次革命的经验，尤其是抗日战争的经验，给了我们和中国人民这样一种信心：没有中国共产党的努力，没有中国共产党人做中国人民的中流砥柱，中国的独立和解放是不可能的，中国的工业化和农业近代化也是不可能的。”[③] 基于这一历史经验，社会主义制度基本确立后，毛泽东仍然强调坚持党的领导对于国家建设的重要意义。他指出：“中国共产党是全中国人民的领导核心。没有这样一个核心，

---

① 列宁．列宁全集：第 40 卷．北京：人民出版社，1986：296.

② 列宁．列宁全集：第 41 卷．北京：人民出版社，1986：85.

③ 毛泽东．毛泽东选集：第 3 卷．北京：人民出版社，1991：1097-1098.

社会主义事业就不能胜利。”[①] 事实证明，正是在中国共产党的领导之下，我国充分发挥了社会主义制度的优越性，短时间内即初步建立了一个比较独立、完整的工业体系和国民经济体系。

进入新时期之后，尽管国内外形势发生了深刻变化，但中国共产党始终认为要坚持党的领导不动摇，因为这是直接关系党和国家发展的根本性问题。改革开放初期，在批判、纠正“文化大革命”错误的过程中，社会上和党内出现了削弱甚至取消党的领导的声音。针对这种情况，邓小平告诫全党：“在今天的中国，决不应该离开党的领导而歌颂群众的自发性……这事实上只能导致无政府主义，导致社会主义事业的瓦解和覆灭。”[②] 他强调：“坚持社会主义，坚持无产阶级专政，坚持马列主义、毛泽东思想，坚持党的领导，这四个坚持的核心，是坚持党的领导。”[③] 因为“没有党的领导，就没有一条正确的政治路线；没有党的领导，就没有安定团结的政治局面；没有党的领导，艰苦创业的精神就提倡不起来；没有党的领导，真正又红又专、特别是有专业知识和专业能力的队伍也建立不起来”[④]。社会主义市场经济体制确立后，中国共产党人更加深刻地认识到坚持中国共产党的领导是中国社会主义建设的政治保证。2001 年，江泽民同志在庆祝中国共产党成立 80 周年大会上对比分析了中国共产党诞生前后两个 80 年的历史，指出：“在我们这样一个多民族的发展中大国，要把十二亿多人的力量凝聚起来，向着社会主义现代化的目标前进，必须有中国共

① 毛泽东. 毛泽东文集：第 7 卷. 北京：人民出版社，1999：303.

② 邓小平. 邓小平文选：第 2 卷. 北京：人民出版社，1994：170-171.

③④ 同②266.

产党的坚强领导。否则，就会成为一盘散沙，四分五裂，不仅现代化实现不了，而且必然陷入混乱的深渊。”① 2012 年，胡锦涛同志在党的十八大上进一步指出，“发展中国特色社会主义是一项长期的艰巨的历史任务，必须准备进行具有许多新的历史特点的伟大斗争”②；而“在新的历史条件下夺取中国特色社会主义新胜利”③，必须坚持党的领导。可见，坚持党的领导是中国共产党取得革命和建设胜利的重要经验。

党的十八大以后，以习近平同志为核心的党中央带领全国人民迈上了实现“两个一百年”奋斗目标的新征程，开启了全面深化改革新阶段。在这一阶段，中国共产党关于坚持党的领导与建设中国特色社会主义的认识不断深化。2013 年 11 月，习近平同志在十八届三中全会第二次全体会议上说：“我们的改革是在中国特色社会主义道路上不断前进的改革……推进改革的目的是要不断推进我国社会主义制度自我完善和发展，赋予社会主义新的生机活力。这里面最核心的是坚持和改善党的领导、坚持和改善中国特色社会主义制度，偏离了这一条，那就南辕北辙了。”④ 2014 年 5 月，他在参加河南省兰考县委常委班子民主生活会时再次强调：“中国最大的国情就是中国共产党的领导。什么是中国特色？这就是中国特色。”⑤ 次月，在主持政治局集体学习时，习近平同志进一步从社会主义的本质角

---

① 中共中央文献研究室. 十五大以来重要文献选编：下. 北京：中央文献出版社，2003：1911-1912.

② 胡锦涛. 胡锦涛文选：第 3 卷. 北京：人民出版社，2016：622.

③ 同②623.

④ 中共中央文献研究室. 习近平总书记重要讲话文章选编. 北京：中央文献出版社，2016：99.

⑤ 同④133.

度论述党的领导与党的事业之间的关系，提出了“中国特色社会主义最本质的特征就是坚持中国共产党的领导”这一重要命题，强调“实现‘两个一百年’奋斗目标，应对和战胜前进道路上的各种风险和挑战，关键在党”①。

在推进改革开放的关键阶段，邓小平提出了“社会主义的本质，是解放生产力，发展生产力，消灭剥削，消除两极分化，最终达到共同富裕”② 的科学论断，将建设社会主义的手段与根本目标统一起来。在全面深化改革的重要阶段，习近平同志在坚持邓小平社会主义本质理论的基础上，提出“中国特色社会主义最本质的特征就是坚持中国共产党的领导”重要论断，明确建设社会主义的领导主体，实际上是实现了建设社会主义的手段、目标和主体的三者统一。这一阐述丰富了马克思主义关于社会主义本质的认识，进一步回答了“什么是社会主义”这一重大理论问题，明确了实践的方向。

随着全面深化改革的探索推进，2016 年，习近平同志在庆祝中国共产党成立 95 周年大会上深化了这一认识，指出党的领导不仅是“中国特色社会主义最本质的特征”，也是“中国特色社会主义制度的最大优势”。“坚持和完善党的领导，是党和国家的根本所在、命脉所在，是全国各族人民的利益所在、幸福所在。”③ 早在 20 世纪 80 年代，邓小平就提出了“为了坚持党的领导，必须努力改善党的领导”④ 的重要论断。此后，

① 中共中央文献研究室．习近平总书记重要讲话文章选编．北京：中央文献出版社，2016：156.

② 邓小平．邓小平文选：第 3 卷．北京：人民出版社，1993：373.

③ 习近平．在庆祝中国共产党成立 95 周年大会上的讲话．人民日报，2016-07-02.

④ 邓小平．邓小平文选：第 2 卷．北京：人民出版社，1994：268.

江泽民、胡锦涛等党的主要领导人也曾从多个方面论述坚持和改善党的领导的必要性，但从未把党的领导作为中国特色社会主义制度的最大优势，并将“坚持和完善党的领导”提高到“党和国家的根本所在、命脉所在”以及“全国各族人民的利益所在、幸福所在”的高度。这无疑是习近平同志将马克思主义党建理论与中国实际相结合的创新性思想，不仅回应了全面深化改革过程中一些国内外舆论对于党的领导地位的质疑，而且对于在新形势下坚持和完善党的领导具有重要指导意义。

二、加强党的领导关键是坚持党中央的集中统一领导

“事在四方，要在中央。”坚持党的领导，首先要坚持党中央的集中统一领导；维护党的权威，首先要维护党中央权威。这是马克思主义政党的一条基本经验。早在苏维埃俄国建立之初，列宁就在他的名篇《共产主义运动中的“左派”幼稚病》一文中指出：“阶级是由政党来领导的；政党通常是由最有威信、最有影响、最有经验、被选出担任最重要职务而称为领袖的人们所组成的比较稳定的集团来主持的。”[①] 鉴于党内分裂主义给党造成的危害，毛泽东在领导中国革命的进程中多次强调维护中央领导权威的重要性。1943 年，他在《关于共产国际解

---

① 列宁．列宁选集：第 4 卷．北京：人民出版社，1995：151.

散问题的报告》中指出："全党同志必须团结在中央的周围，任何破坏团结的行为都是罪恶，只要共产党人团结一致，同心同德，任何强大的敌人，任何困难的环境，都会被我们战胜的。"[①] 1945 年，在中国共产党第七次全国代表大会预备会议上，毛泽东再次强调，"一个队伍经常是不大整齐的，所以就要常常喊看齐，向左看齐，向右看齐，向中看齐。我们要向中央基准看齐"[②]。邓小平在探索中国特色社会主义的进程中同样强调中央权威的重要性，他指出："改革要成功，就必须有领导有秩序地进行……党中央、国务院没有权威，局势就控制不住。"[③] "中央的话不听，国务院的话不听，这不行。特别是有困难的时候，没有党中央、国务院这个权威，不可能解决问题。有了这个权威，困难时也能做大事。"[④] 但随着改革进程的深入，一些部门、一些地方、一些单位形成了自由主义、本位主义的思想，以至于"上有政策、下有对策"的情况时有发生。针对这种情况，江泽民同志指出："维护党和国家的集中统一，维护中央的权威，是极端重要的。党和国家的指导思想、奋斗目标、大政方针和法律制度，以及重要工作部署等等，必须统一，各个地方、部门和单位绝不能各行其是。"[⑤] 胡锦涛同志也要求："我们的领导干部，无论是在地方工作还是在部门工作，都负有维护全党全国工作大局的政治责任，都必须自觉同中央保持高度一致，都必须自觉维护中央权威和中央

① 毛泽东．毛泽东文集：第 3 卷．北京：人民出版社，1996：22.

② 同①297－298.

③ 邓小平．邓小平文选：第 3 卷．北京：人民出版社，1993：277.

④ 同③319.

⑤ 江泽民．江泽民文选：第 3 卷．北京：人民出版社，2006：289.

大政方针的统一性和严肃性，坚持小道理服从大道理、局部服从全局，确保党的理论和路线方针政策贯彻落实，确保党和国家工作部署贯彻落实。”①

党的十八大之后，中国进入了改革全面深化、发展全面推进的关键时期，面临许多具有新的特点的伟大斗争，治国理政的难度超过以往任何时候。在这种形势下，全党的集中统一，特别是维护中央的权威就更为重要。因此，习近平同志在总结我们党历史经验基础上，对于坚持党的领导必须坚持党中央的集中统一领导进行了详细阐述，深化了党的认识。

第一，坚持党中央的集中统一领导关乎党的事业发展。马克思主义政党的力量在于组织，在于党员、干部思想上的统一、政治上的团结、行动上的一致。这也是中国特色社会主义事业不断发展壮大的根本所在。党的十八届三中全会在做出全面深化改革决定的同时，明确指出：“全党同志要把思想和行动统一到中央关于全面深化改革重大决策部署上来”②。此后，习近平同志也在多个场合强调要完成“两个一百年”的奋斗目标、实现中华民族伟大复兴的中国梦，必须坚持党中央的集中统一领导，落实中央决策部署。他指出，中国是一个大国，中国共产党是一个大党，“党和国家事业的复杂性和艰巨性世所罕见。落实好党中央重大决策部署，同党和国家前途命运密切相关，同人民群众福祉密切相关”。“维护党中央权威，决不是

---

① 胡锦涛．胡锦涛文选：第2卷．北京：人民出版社，2016：554-555.

② 中共中央文献研究室．十八大以来重要文献选编：上．北京：中央文献出版社，2014：544.

一般问题和个人的事，而是方向性、原则性问题，是党性，是大局，关系党、民族、国家前途命运。”①

第二，坚决同党中央保持高度一致是党性的根本表现。党性是党员干部立身、立业、立言、立德的基石。自新民主主义革命时期开始，中国共产党就十分重视提高党员的党性修养。但随着党和国家形势的变化，中国共产党对于党员党性的核心要求也会进行调整。党的十八大之后，习近平同志从多个角度阐述了新形势下党员党性体现，坚决同党中央保持高度一致就是其中的重要内容。2013 年 8 月，他在全国宣传思想工作会议上提出，“坚持正确政治方向，站稳政治立场，坚定宣传党的理论和路线方针政策，坚定宣传中央重大工作部署，坚定宣传中央关于形势的重大分析判断，坚决同党中央保持高度一致，坚决维护中央权威”② 是共产党员坚持党性的核心内容。2016 年，在纪念朱德同志诞辰 130 周年座谈会上，他重申了这一观点，告诫全党“一定要牢记自己的第一身份是共产党员，任何时候都同党同心同德，牢固树立和自觉强化政治意识、大局意识、核心意识、看齐意识，在思想上政治上行动上始终同党中央保持高度一致，对党忠诚、为党分忧、为党担责、为党尽责，竭尽全力完成党交给的职责和任务”③。

第三，高级干部要带头坚持党中央的集中统一领导。在维护党内团结统一方面，领导干部特别是高级干部这个“关键少

---

① 中共中央文献研究室. 习近平总书记重要讲话文章选编. 北京：中央文献出版社，2016：345.

② 习近平. 意识形态工作是党的一项极端重要的工作. 新华网，2013-08-20.

③ 习近平. 在纪念朱德同志诞辰 130 周年座谈会上的讲话. 人民日报，2016-11-30.

数”的带动作用十分重要。习近平同志在党的十八大之后召开的党的十八届一中全会上就要求所有的中央委员“带头维护中央权威，在思想上政治上行动上同党中央保持高度一致，不折不扣贯彻执行中央的路线方针政策和重大工作部署，心往一处想、劲往一处使，确保中央政令畅通”[①]。次年 6 月，他又专门对政治局成员做出要求，让他们“带头自觉维护中央权威，在思想上政治上行动上同党中央保持高度一致，自觉接受党的纪律约束，认真贯彻执行中央政治局作出的决定决策，坚持重大问题按规定请示报告，用实际行动树立中央政治局高度团结统一、步调一致的良好形象”[②]。同年 7 月，习近平同志在河北调研时进一步告诫高级干部，要“正确处理保证中央政令畅通和立足实际创造性开展工作的关系，决不能在贯彻执行中央决策部署上打折扣、做选择、搞变通，决不能搞‘上有政策、下有对策’，也决不能对中央大政方针和重大工作部署口无遮拦、毫无顾忌、评头论足，任何情况下都要严守政治纪律，自觉维护中央权威”[③]。可见，在习近平同志看来，坚持党中央的集中统一领导必须抓住高级干部这个“牛鼻子”。

在上述思想指导下，党的十八届六中全会明确提出了“坚持党的领导，首先是坚持党中央的集中统一领导”的重要论断，强调“一个国家、一个政党，领导核心至关重要”。全会要求“全党必须自觉在思想上政治上行动上同党中央保持高度

---

① 中共中央文献研究室. 习近平关于全面从严治党论述摘编. 北京：中央文献出版社，2016：77.

② 中共中央政治局召开专门会议　对照检查中央八项规定落实情况讨论研究深化改进作风举措　中共中央总书记习近平主持会议并发表重要讲话. 人民日报，2013-06-26.

③ 同①78.

一致。党的各级组织、全体党员特别是高级干部都要向党中央看齐，向党的理论和路线方针政策看齐，向党中央决策部署看齐，做到党中央提倡的坚决响应、党中央决定的坚决执行、党中央禁止的坚决不做”[①]。这些论述深化了我们党关于马克思主义政党民主集中制原则的认识，对于保持党和国家事业发展处于正确方向具有重要的指导意义。

三、始终坚持党总揽全局、协调各方的领导核心地位

党政军民学，东西南北中，党是领导一切的。坚持党的领导，必须始终坚持党总揽全局、协调各方的领导核心地位。这是中国社会主义政治制度优越性的一个突出特点，也是中国共产党治国理政的重要经验。1989 年，当中国的改革开放遭遇困难时，邓小平强调在工作方法上一定要坚持党的领导，“属于政策、方针的重大问题，国务院也好，全国人大也好，其他方面也好，都要由党员负责干部提到党中央常委会讨论，讨论决定之后再去多方商量，贯彻执行”[②]。次年，江泽民同志在总结新时期党的建设的经验教训基础上也强调：“我们党是执政的党，党的执政地位，是通过党对国家政权机关的领导来实现的。如果放弃了这种领导，就谈不上执政地位。各级政权机关，包括人大、政府、法

① 中国共产党第十八届中央委员会第六次全体会议公报. 人民日报，2016-10-28.

② 邓小平. 邓小平文选：第 3 卷. 北京：人民出版社，1993：319.

院、检察院和军队，都必须接受党的领导，任何削弱、淡化党的领导的想法和做法，都是错误的。”① 此后，江泽民同志在要求全党始终做到“三个代表”的同时，告诫全党要“更好地发挥总揽全局、协调各方的领导核心作用，把全体人民和各方面的积极性充分调动起来，为实现共同的目标而奋斗”②。进入新世纪之后，胡锦涛同志从增强忧患意识的角度提醒全党，“党的领导核心地位不是一劳永逸的，过去拥有不等于现在拥有，现在拥有不等于永远拥有”③，强调“坚持发挥党总揽全局、协调各方的领导核心作用”④ 是进行政治体制改革所要遵循的第一原则。

党的十八大之后，为了继续发展中国特色社会主义事业，习近平同志反复强调要坚持党总揽全局、协调各方的领导核心地位。2014 年 5 月，他在十八届中央政治局第十五次集体学习中指出：“坚持党的领导，发挥党总揽全局、协调各方的领导核心作用，是我国社会主义市场经济体制的一个重要特征。……在我国，党的坚强有力领导是政府发挥作用的根本保证。”⑤ 2014 年 9 月 5 日，在庆祝全国人民代表大会成立 60 周年大会上，习近平同志再次阐明：“我们必须坚持党总揽全局、协调各方的领导核心作用，通过人民代表大会制度，保证党的路线方针政策和决策部署在国家工作中得到全面贯彻和有效执行。”⑥ 同月，他

---

① 中共中央文献研究室．十三大以来重要文献选编：中．北京：人民出版社，1991：942.

② 江泽民．江泽民文选：第 3 卷．北京：人民出版社，2006：18.

③ 胡锦涛．胡锦涛文选：第 3 卷．北京：人民出版社，2016：11.

④ 同③75.

⑤ 习近平在中共中央政治局第十五次集体学习时强调正确发挥市场作用和政府作用 推动经济社会持续健康发展．人民日报，2014-05-28.

⑥ 中共中央文献研究室．十八大以来重要文献选编：中．北京：中央文献出版社，2016：54.

在庆祝中国人民政治协商会议成立65周年大会上进一步指出："中国共产党的领导是包括各民主党派、各团体、各民族、各阶层、各界人士在内的全体中国人民的共同选择，是中国特色社会主义最本质的特征，也是人民政协事业发展进步的根本保证。人民政协事业要沿着正确方向发展，就必须毫不动摇坚持中国共产党的领导。"① 可见，在习近平同志看来，坚持中国特色社会主义政治制度首要的是坚持党的领导核心地位。所以，他强调："在坚持党的领导这个重大原则问题上，我们脑子要特别清醒、眼睛要特别明亮、立场要特别坚定，绝不能有任何含糊和动摇。"②

中国共产党在制定全面深化改革战略方针之后明确提出了全面依法治国的重要战略。长期以来，国内外一些舆论一直将坚持依法治国与坚持党的领导对立起来，试图以此质疑中国共产党领导地位的合法性。对此，习近平同志同样给出了明确的答案。他在党的十八届四中全会上指出："党和法治的关系是法治建设的核心问题。全面推进依法治国这件大事能不能办好，最关键的是方向是不是正确、政治保证是不是坚强有力，具体讲就是要坚持党的领导，坚持中国特色社会主义制度，贯彻中国特色社会主义法治理论。党的领导是中国特色社会主义最本质的特征，是社会主义法治最根本的保证。"③ 在随后召开的党的十八届四中全会第二次全体会议上，习近平同志进一步强调："坚持党的领导，是社会主义法治的根本要求，是全面推进

---

① 中共中央文献研究室．十八大以来重要文献选编：中．北京：中央文献出版社，2016：67-68．

② 习近平．在全国党校工作会议上的讲话．求是，2016（9）．

③ 同①146．

依法治国题中应有之义。要把党的领导贯彻到依法治国全过程和各方面，坚持党的领导、人民当家作主、依法治国有机统一。只有在党的领导下依法治国、厉行法治，人民当家作主才能充分实现，国家和社会生活法治化才能有序推进。”他同时告诫全党：“坚持党的领导，不是一句空的口号，必须具体体现在党领导立法、保证执法、支持司法、带头守法上。”① 至此，习近平同志从一个新的高度阐明了坚持党的领导是保证人民当家作主和依法治国的根本前提，深化了我们党关于三者关系的认识。

除了保证中国特色社会主义各项事业的正确方向之外，习近平同志认为坚持党总揽全局、协调各方的领导核心地位有利于凝聚各方力量，为实现中华民族伟大复兴的中国梦而共同奋斗。2015 年 7 月，习近平同志在中央党的群团工作会议上指出：“政治性是群团组织的灵魂，是第一位的。群团组织要始终把自己置于党的领导之下，在思想上政治上行动上始终同党中央保持高度一致，自觉维护党中央权威，坚决贯彻党的意志和主张，严守政治纪律和政治规矩，经得住各种风浪考验，承担起引导群众听党话、跟党走的政治任务，把自己联系的群众最广泛最紧密地团结在党的周围。”② 2016 年 4 月，他在网络安全和信息化工作座谈会上进一步阐述了坚持党的领导和凝聚力量之间的关系，指出：“实现‘两个一百年’奋斗目标，需要全社会方方面面同心干，需要全国各族人民心往一处想、劲往

---

① 中共中央文献研究室．十八大以来重要文献选编：中．北京：中央文献出版社，2016：183.

② 习近平．切实保持和增强政治性先进性群众性　开创新形势下党的群团工作新局面．人民日报，2015-07-08.

一处使。如果一个社会没有共同理想，没有共同目标，没有共同价值观，整天乱哄哄的，那就什么事也办不成。我国有 13 亿多人，如果弄成那样一个局面，就不符合人民利益，也不符合国家利益。”① 但“凝聚共识工作不容易做，大家要共同努力。为了实现我们的目标，网上网下要形成同心圆。什么是同心圆？就是在党的领导下，动员全国各族人民，调动各方面积极性，共同为实现中华民族伟大复兴的中国梦而奋斗”②。

针对国内外一些舆论提出的坚持党的领导与发展完善现代企业制度不相融的错误观点，习近平同志在 2016 年 10 月召开的全国国有企业党的建设工作会议上系统阐述了坚持党的领导和国有企业发展之间的关系。他指出：“坚持党的领导、加强党的建设，是我国国有企业的光荣传统，是国有企业的‘根’和‘魂’，是我国国有企业的独特优势。”③ “坚持党对国有企业的领导是重大政治原则，必须一以贯之；建立现代企业制度是国有企业改革的方向，也必须一以贯之。中国特色现代国有企业制度，‘特’就特在把党的领导融入公司治理各环节，把企业党组织内嵌到公司治理结构之中，明确和落实党组织在公司法人治理结构中的法定地位，做到组织落实、干部到位、职责明确、监督严格。”④ 这一论述深化了中国共产党关于国有企业如何坚持党的领导的认识，为新形势下国有企业坚持党的领导、加强党的建设指明了方向，提供了根本遵循。

除了明确地位和重要性之外，习近平同志认为要发挥党的

---

①② 习近平. 在网络安全和信息化工作座谈会上的讲话. 人民网，2016-04-19.

③④ 习近平. 坚持党对国有企业的领导不动摇. 人民日报，2016-10-12.

领导核心作用，首先要巩固各级党委的领导核心地位，特别是中央的领导决策核心地位。他指出："党中央作出的决策部署，党的组织、宣传、统战、政法等部门要贯穿落实，人大、政府、政协、法院、检察院的党组织要贯穿落实，事业单位、人民团体等的党组织也要贯穿落实，党组织要发挥作用。各方面党组织应该对党委负责、向党委报告工作……在党委统一领导下尽心尽力做好自身职责范围而内的工作。"① 当然，要实现这一点，需要制度保障。2015 年 5 月，习近平同志主持中央政治局会议，审议通过了《中国共产党党组工作条例（试行）》。这是在 1945 年党的七大正式建立党组制度 70 年之后，中国共产党制定的第一个专门规范党组工作的党内法规。它对于加强和改善党的领导，提高党的执政能力，更好发挥党总揽全局、协调各方的领导核心作用，具有十分重要的意义。注重从制度层面确保党的领导核心地位，是习近平同志论述坚持党的领导的一大特色。因为在他看来，坚持和发展中国特色社会主义，必须"构建系统完备、科学规范、运行有效的制度体系，使各方面制度更加成熟更加定型，为夺取中国特色社会主义新胜利提供更加有效的制度保障"②。这一认识不仅具有重要的理论价值，而且对于党的建设实践具有重要的指导意义。

当然，习近平同志也认为，只有党组织自身有力量，才能发挥总揽全局、协调各方的领导核心作用。2014 年，他在第十八届中央纪律检查委员会第三次全体会议上强调，"领导我们

① 中共中央文献研究室. 习近平总书记重要讲话文章选编. 北京：中央文献出版社，2016：118.

② 同①345.

事业的核心力量是中国共产党”，“党的领导，体现在党的科学理论和正确路线方针政策上，体现在党的执政能力和执政水平上，同时也体现在党的严密组织体系和强大组织能力上”[①]。换言之，只有纪律严格、有战斗力的组织，才能发挥领导核心作用。正因如此，党的十八大以来，以习近平同志为核心的党中央在提出“全面深化改革”和“全面依法治国”之后，做出全面从严治党的重要战略部署，以加强党的建设，坚持和改善党的领导，书写治国理政新篇章。

① 中共中央文献研究室．习近平总书记重要讲话文章选编．北京：中央文献出版社，2016：111．

第二章

管党治党一刻不能松懈

近年来，世界上一些老牌执政党纷纷衰败落伍、丢权垮台，很大程度上是因为这些政党放松了自我管理、脱离了群众。对此，中国共产党有着清醒的认识。党的十八大之后，为了应对新形势下加强和改进党的建设面临的“四大考验”，化解“四种危险”，习近平同志反复强调：“管党治党一刻不能松懈。如果管党不力、治党不严，人民群众反映强烈的党内突出问题得不到解决，那我们党迟早会失去执政资格，不可避免被历史淘汰。”①

一、党要管党、从严治党是党的建设的一贯要求和根本方针

自诞生之日起，中国共产党就始终坚持“党要管党、从严治党”的方针。早在民主革命时期，毛泽东就强调，“有许多党员，在组织上入了党，思想上并没有完全入党，甚至完全没有入党”，“为要领导革命运动更好地发展，更快地完成，就必须从思想上组织上认真地整顿一番”②。延安整风之后，毛泽东深刻总结说：“房子是应该经常打扫的，不打扫就会积满了灰尘；脸是应该经常洗的，不洗也就会灰尘满面。我们同志的思想，我们党的工作，也会沾染灰尘的，也应该打扫和洗涤。”③ 成为执政党之后，中国共产党对于管党治党的重要性认识更为深刻。在领

① 中共中央文献研究室．十八大以来重要文献选编：上．北京：中央文献出版社，2014：350.

② 毛泽东．毛泽东选集：第 3 卷．北京：人民出版社，1991：875.

③ 同②1096.

导开展“三反”运动期间，毛泽东强调：“必须毫不迟疑地开除一批丧失无产阶级立场的贪污蜕化分子出党，撤销一批严重的官僚主义分子和那些居功自傲、不求上进、消极疲沓、毫不称职的分子的领导职务（其中有些也应当开除出党）”①。1956年在党的八大上，邓小平指出，为了克服脱离群众的倾向，“党除了应该加强对于党员的思想教育之外，更重要的还在于从各方面加强党的领导作用，并且从国家制度和党的制度上作出适当的规定，以便对于党的组织和党员实行严格的监督”②。1962年，邓小平在接见参加组织工作会议和全国监察工作会议的同志时进一步强调：“党要管党，一管党员，二管干部。”③

进入改革开放新时期后，党的建设面临的任务更加艰巨、考验更加复杂。1987年，党的十三大报告明确提出了“从严治党”的方针。报告指出：“对经不起考验的党员，首先要满腔热情地进行教育。但经验证明，仅仅靠教育不能完全解决问题，必须从严治党，严肃执行党的纪律。对于那些败坏党和人民事业的腐败分子，必须采取坚决清除的方针，一经发现立即处理，有多少清除多少，决不能姑息养奸。”但报告同时强调：“从严治党，除了必须把少数腐败分子开除出党之外，还必须着眼于对绝大多数党员经常地进行教育，提高他们的素质。”④建立市场经济体制的改革目标确定后，中国共产党开始着手进行党的建设新的伟大工程，对于从严治党的认识也随之深化。

---

① 中央档案馆等．中共中央文件选集（1949年10月—1966年5月）：第8册．北京：人民出版社，2013：48-49．

② 邓小平．邓小平文选：第1卷．北京：人民出版社，1994：215．

③ 同②328．

④ 中共中央文献研究室．十三大以来重要文献选编：上．北京：人民出版社，1991：53．

1997年10月，江泽民同志在党的十五大上详细阐述了“从严治党”的内涵。他指出：“各级党委要坚持‘党要管党’的原则，把从严治党的方针贯彻到党的建设的各项工作中去，坚决改变党内存在的纪律松弛和软弱涣散的现象。这就要严格按党章办事，按党的制度和规定办事；就要对党员特别是领导干部严格要求，严格管理，严格监督；就要在党内生活中讲党性，讲原则，开展积极的思想斗争，弘扬正气，反对歪风；就要严格按照党章规定的标准发展党员，严肃处置不合格党员；就要严格执行党的纪律，坚持在纪律面前人人平等。”[①] 2000年1月，在世纪之交和千年之交的重要历史时刻，江泽民同志告诫全党：“越是改革开放，越是发展社会主义市场经济，越要从严治党。如果治党不严，纪律松弛，组织涣散，发展下去不是没有亡党亡国的危险啊！”[②] 2011年，胡锦涛同志在总结中国共产党90年发展历程的基础上提出，坚持党要管党、从严治党，正视并及时解决党内存在的突出问题，始终保持党的肌体健康是我们党保持和发展马克思主义政党先进性的根本点之一[③]。

党的十八大以来，习近平同志全面分析党和国家工作面临的新形势新任务，综合分析党内、国家、社会以及国际环境中出现的新情况新问题，得出了一个重要结论：打铁还需自身硬。也就是说，要进行好具有许多新的历史特点的伟大斗争、有效应对各种风险和挑战，实现“两个一百年”奋斗目标、实

① 中共中央文献研究室. 十五大以来重要文献选编：上. 北京：人民出版社，2000：50.

② 中共中央文献研究室. 十五大以来重要文献选编：中. 北京：人民出版社，2001：1108.

③ 胡锦涛. 胡锦涛文选：第3卷. 北京：人民出版社，2016：528.

现中华民族伟大复兴的中国梦，必须把党建设好、建设强。党的十八大刚闭幕，习近平同志就在党的十八届一中全会上对全党提出“必须以更大的决心和勇气抓好党的自身建设”，并在与中外记者见面时响亮地提出“我们的责任，就是同全党同志一道，坚持党要管党、从严治党，切实解决自身存在的突出问题”[①]。2013年，在纪念毛泽东同志诞辰120周年座谈会上，他再次提醒全党：“牢记毛泽东同志提出的‘我们决不当李自成’的深刻警示，牢记‘两个务必’，牢记‘生于忧患，死于安乐’的古训，着力解决好‘其兴也勃焉，其亡也忽焉’的历史性课题，增强党要管党、从严治党的自觉”[②]。在次年召开的党的群众路线教育实践活动总结大会上，习近平同志重申：“历史使命越光荣，奋斗目标越宏伟，执政环境越复杂，我们就越要增强忧患意识，越要从严治党，做到‘为之于未有，治之于未乱’，使我们党永远立于不败之地。”他还告诫全党：“党的执政地位和领导地位并不是自然而然就能长期保持下去的，不管党、不抓党就有可能出问题甚至出大问题，结果不只是党的事业不能成功，还有亡党亡国的危险。”[③] 次月，他在福建考察工作时又指出：“世界上最可怕的敌人从来是自己。我们党取得了举世瞩目的成就，现在更需要‘愈大愈惧，愈强愈恐’的态度，切不可在管党治党上有丝毫松懈。”[④]

---

① 中共中央文献研究室．十八大以来重要文献选编：上．北京：中央文献出版社，2014：70.

② 同①701.

③ 中共中央文献研究室．十八大以来重要文献选编：中．北京：中央文献出版社，2016：92.

④ 中共中央文献研究室．习近平总书记重要讲话文章选编．北京：中央文献出版社，2016：231.

在上述认识的基础上，2014 年 12 月习近平同志在江苏调研时强调："全面从严治党，是推进党的建设新的伟大工程的必然要求"，要求全党"协调推进全面建成小康社会、全面深化改革、全面推进依法治国、全面从严治党，推动改革开放和社会主义现代化迈上新台阶"[①]。由此，从严治党被提升到一个全新的战略高度，纳入"四个全面"整体战略布局之中。针对全面从严治党之后党内出现的"要求太严，管得太死，束缚了手脚""党员、干部也有七情六欲，管党治党应'人性化'""都去抓管党治党，经济社会发展没精力抓了"等错误思想，2016 年 1 月，习近平同志在第十八届中央纪律检查委员会第六次全体会议上明确指出"党要管党、从严治党，是党的建设的一贯要求和根本方针""全面从严治党永远在路上"[②]。同年 10 月，他在党的十八届六中全会第二次全体会议上再次告诫全党管党治党决不能放松，因为"如果党内信念涣散、组织涣散、纪律涣散、作风涣散，那就无法有效应对党面临的执政考验、改革开放考验、市场经济考验、外部环境考验，也无法克服精神懈怠危险、能力不足危险、脱离群众危险、消极腐败危险，最终不仅不能实现我们的奋斗目标，而且可能严重脱离人民群众，上演霸王别姬的悲剧"[③]。这实际上已经将"党要管党、从严治党"确立为党的建设的一贯要求和根本方针，明确了今后加强党的建设新的伟大工程的长期性原则。

---

① 中共中央文献研究室．习近平关于全面从严治党论述摘编．北京：中央文献出版社，2016：8-9.

② 中共中央文献研究室．习近平总书记重要讲话文章选编．北京：中央文献出版社，2016：370.

③ 习近平．在党的十八届六中全会第二次全体会议上的讲话（节选）．求是，2017（1）.

二、全面从严治党基础在全面，关键在严，要害在治

法与时转则治，治与世宜则有功。尽管“党要管党、从严治党”是中国共产党加强党的建设的一贯要求，但不同历史阶段管党治党的方略往往有所差异。党的十八大后，为了进行具有许多新的历史特点的伟大斗争，习近平同志在吸收以往管党治党经验教训的基础上阐明了新形势下全面从严治党的基本原则，即“全面从严治党，核心是加强党的领导，基础在全面，关键在严，要害在治”①。

所谓“基础在全面”，指的是从严治党必须管全党、治全党，面向 8 800 多万党员、440 多万个党组织，覆盖党的建设各个领域、各个方面、各个部门。中国共产党自成立以来，特别是成为执政党之后，一直将抓好各级领导干部这一“关键少数”作为管党治党的重点。党的十八大以来，以习近平同志为核心的党中央坚持这一经验，将从严治吏作为全面从严治党的关键内容，但同时强调全面从严治党必须延伸到基层，因为“基层是党的执政之基、力量之源。只有基层党组织坚强有力，党员发挥应有作用，党的根基才能牢固，党才能有战斗力”②。2013 年 1 月，习近平同志主持召开中共中央政治局会议，对加强新形势下发展党员和党员管理工作进行专题研究部署。会议

---

① 中共中央文献研究室．习近平总书记重要讲话文章选编．北京：中央文献出版社，2016：370－371．

② 突出问题导向确保取得实际成效　把全面从严治党落实到每一个支部．人民日报，2016－04－07．

指出今后发展党员要按照“控制总量、优化结构、提高质量、发挥作用的总要求，明确目标、突出重点，健全机制、务求实效，不断提高党员发展和管理工作科学化水平”[①]。在这一要求指导下，2013 年 5 月中央修订了 1990 年印发实施的《中国共产党发展党员工作细则（试行）》，在发展党员的原则、标准、程序、纪律等各个方面全面体现“党要管党、从严治党”的要求。同年 6 月，习近平同志在全国组织工作会议上进一步指出，“党的先进性和纯洁性要靠千千万万党员的先进性和纯洁性来体现，党的执政使命要靠千千万万党员卓有成效的工作来完成，党要管党、从严治党必须落实到党员队伍的管理中去”；同时要求“党组织要严格把关，把政治标准放在首位，确保政治合格。那些动机不纯、一心想借入党捞好处的人，不能吸收入党”。他还提出：“要严格党员日常教育和管理，使广大党员平常时候看得出来、关键时刻站得出来、危急关头豁得出来，充分发挥先锋模范作用。要疏通党员队伍出口，对那些丧失党员条件的及时进行组织处置，对那些道德败坏、蜕化变质的坚决清除出党。”[②] 为了落实这一要求，各级组织部门开始在更广泛的范围内试行不合格党员退出机制，尝试分类细化不合格党员具体表现，在实践层面推动不合格党员清理工作。

在习近平同志看来，要保证全面从严治党取得实效必须注意薄弱环节。在着力清除不合格党员的同时，还要整顿软弱涣散的基层党组织。早在 2013 年 6 月召开的全国组织工作会议

① 中共中央政治局召开会议　习近平主持. 新华网，2013-01-28.

② 中共中央文献研究室. 十八大以来重要文献选编：上. 北京：中央文献出版社，2014：351.

上，习近平同志就指出：“麻绳最容易从细处断。越是情况复杂、基础薄弱的地方，越要健全党的组织、做好党的工作，确保全覆盖，固本强基，防止‘木桶效应’。”① 2016 年，在中央部署全党开展“两学一做”学习教育时，他又专门强调：“要整顿不合格基层党组织，坚持和落实行之有效的制度。要针对新情况新问题严肃党内政治生活，以改革创新精神补齐制度短板，真正使党的组织生活、党员教育管理严起来、实起来。”②这不仅为“两学一做”学习教育提供了方向性指导，而且有利于今后党的各级组织提高关于基层党组织建设的重视度。

除了强调全面从严治党必须延伸到基层之外，习近平同志还明确指出管党治党没有“天花板”，中央政治局要起带头作用。早在党的群众路线教育实践活动期间，习近平同志就主持中共中央政治局会议，分析在形式主义、官僚主义、享乐主义和奢靡之风方面存在的问题，开展批评和自我批评。会上，他明确指出，“抓改进作风，必须从中央政治局抓起”。他要求政治局成员要带头树立正确的权力观、地位观、利益观，坚持自重、自省、自警、自励，严格遵守党纪国法，严格按制度和程序办事，严格管理自己的亲属和身边工作人员，不搞以权谋私，不搞特殊化，为全党同志树立爱党爱民、勤政敬业、廉洁奉公的榜样③。2015 年 12 月，在中央政治局“三严三实”民主生活会上，习近平同志又告诫政治局成员：“我们的一言一行、

---

① 中共中央文献研究室. 十八大以来重要文献选编：上. 北京：中央文献出版社，2014：352.

② 突出问题导向确保取得实际成效 把全面从严治党落实到每一个支部. 人民日报，2016-04-07.

③ 习近平主持召开中共中央政治局专门会议并发表重要讲话. 新华网，2013-06-25.

一举一动，都不只是个人的事，而是党和国家的事、人民的事、全局的事。越是这样，越要谨言慎行，越要模范遵守党章，在'三严三实'上有更高标准。"他还以周永康、薄熙来、令计划等人为例，指出："一个党员的党性，不是随着党龄增长和职位提升而自然提高的，不加强修养和锤炼，党性不仅不会提高，而且反而会降低，甚至可能完全丧失。"[①] 在这一精神指导下，党的十八大之后中国共产党在加强和规范党内政治生活、加强党内监督等方面都将领导干部特别是高级干部作为工作重点。

在强调从严治党必须覆盖全体党员和所有党组织的同时，习近平同志还指出："从严治党要贯穿于改革开放和现代化建设全过程，贯穿于党的建设和党内生活各方面。"[②] 换言之，加强党的思想建设、组织建设、制度建设、作风建设和反腐倡廉建设都需要按照从严的要求进行。2016 年 1 月，习近平同志在第十八届中央纪律检查委员会第六次全体会议上专门指出："党风廉政建设和反腐败工作是全面从严治党的一部分，党的建设必须全面从严。"[③] 同年 10 月，他在党的十八届六中全会第二次全体会议上总结全面从严治党成绩时也认为"全面"是十八大以来从严治党的主要特点，并将其概括为六个"从严"：一是抓思想从严，二是抓管党从严，三是抓执纪从严，四是抓治吏从严，五是抓作风从严，六是抓反腐从严[④]。也就是说，在习近平同志的认识

---

① 中共中央文献研究室．习近平总书记重要讲话文章选编．北京：中央文献出版社，2016：336-343.

② 同①234.

③ 习近平．在十八届中央纪律检查委员会第六次全体会议上的讲话．北京：人民出版社，2016：17.

④ 习近平．在党的十八届六中全会第二次全体会议上的讲话（节选）．求是，2017（1）.

中，从严治党决不只体现在党风廉政建设和反腐败斗争中，而要成为贯彻党的建设各方面工作的根本方针，全面推进党的建设。

所谓“关键在严”，指的是管党治党必须“真管真严、敢管敢严、长管长严”。习近平同志认为：“这些年来，在一些地方和单位，‘四风’问题越积越多，党内和社会上潜规则越来越盛行，政治生态和社会环境受到污染，根子就在从严治党没有做到位。有些地方和单位看起来党在管党治党，但没有管到位上，没有严到份上。”而党的群众路线教育实践活动“之所以能取得明显成效，原因就是我们坚持言必信、行必果，认认真真管，实实在在严”。因此，他在党的群众路线教育实践活动总结大会上告诫全党：“世间事，做于细，成于严。从严是我们做好一切工作的重要保障。我们共产党人最讲认真，讲认真就是要严字当头，做事不能应付，做人不能对付，而是要把讲认真贯彻到一切工作中去，作风建设如此，党的建设如此，党和国家一切工作都如此。”① 同年底，他在明确提出“全面从严治党”这一理念时也专门强调，从严治党要真正做到要求严、措施严，对上严、对下严，对事严、对人严②。

2016 年 10 月，党的十八届六中全会在北京召开，重点专题研究全面从严治党问题。在党的十八届六中全会第一次全体会议上，习近平同志再次强调：“党和人民事业发展到什么阶段，全面从严治党就要跟进到什么阶段，坚持严字当头，把严

---

① 中共中央文献研究室．十八大以来重要文献选编：中．北京：中央文献出版社，2014：92-93.

② 中共中央文献研究室．习近平总书记重要讲话文章选编．北京：中央文献出版社，2016：234.

的要求贯穿管党治党全过程，以自我革命的政治勇气着力解决党内存在的突出问题，做到党管有方、治党有力、建党有效。”[①] 在随后召开的党的十八届六中全会第二次全体会议上，习近平同志一方面肯定十八大以来全面从严治党取得了重要阶段性成果；另一方面告诫全党一定要保持战略定力，坚持严字当头、真管真严、敢管敢严、长管长严，把严的要求贯彻到管党治党全过程，落实到党的建设各方面。因为“如果管党不力、治党不严，人民群众反映强烈的突出矛盾和问题得不到及时解决，我们党执政的基础就会动摇和瓦解；同样，如果我们让已经初步解决的问题反弹回潮、故态复发，那就会失信于民，我们党就会面临更大的危险”[②]。这些都表明，是不是在加强党的建设的实践中将“从严”作为管党治党根本原则，一以贯之地落实好，决定着全面从严治党战略方针成败与否。

所谓“要害在治”，指的是：“从党中央到省市县党委，从中央部委、国家机关部门党组（党委）到基层党支部，就要肩负起主体责任，党委书记要把抓好党建当作分内之事、必须担当的责任；各级纪委要担负起监督责任，敢于瞪眼黑脸，敢于执纪问责。”[③] 在习近平同志看来，在新形势下推进党的建设新的伟大工程，就要“聚精会神抓党的建设，抓配套措施，抓重点突破，抓制度完善，把从严治党的各项措施落到实处”[④]。同

---

① 中共中央文献研究室．习近平关于全面从严治党论述摘编．北京：中央文献出版社，2016：13.

② 习近平．在党的十八届六中全会第二次全体会议上的讲话（节选）．求是，2017（1）.

③ 中共中央文献研究室．习近平总书记重要讲话文章选编．北京：中央文献出版社，2016：371.

④ 同①227.

时，习近平同志认为，治党必须以问题为导向。他指出："有问题并不可怕，可怕的是在问题面前束手无策，解决问题虎头蛇尾"。因此，他要求全党要有问题意识，"坚持有什么问题就解决什么问题，什么问题难就重点解决什么问题，什么问题突出就着力攻克什么问题，无论解决什么问题，都要综合分析、举一反三，使每项措施、每次努力都有利于加强和规范党内政治生活，有利于净化党内政治生态"①。

由此可以看出，党的十八大以来中国共产党提出的全面从严治党方针是贯穿管党治党全过程的基本要求，不仅覆盖全体党员、干部以及党的各级组织和各个部门，而且贯穿党的建设各个领域、各项工作、各个环节，旨在全面深化党的建设新的伟大工程。

三、全面从严治党必须落实管党治党主体责任

正如前文所言，全面从严治党，要害在治。谁来治？各级党委，特别是党委书记是管党治党的第一责任人。早在改革开放初期，陈云就指出："有些违反党的方针政策的事，违法乱纪的事，如果仅是某一个人的错误行为，那是个人的问题，但是如果哪个单位、哪个地区的歪风邪气大量存在，而又长期未得到纠正，那就显然不只是个人的问题，而是同那个单位、那

---

① 习近平．在党的十八届六中全会第二次全体会议上的讲话（节选）．求是，2017（1）．

个地区的党委领导有关。”[①] 党的十五大上，江泽民同志在系统阐述从严治党内涵的同时，也强调各级党委在从严治党中肩负重要责任，告诫它们要坚持党要管党的原则，把从严治党的方针贯彻到党的建设的各项工作中去，坚决改变党内存在的纪律松弛和软弱涣散的现象[②]。2007 年，胡锦涛同志在新进中央委员会的委员、候补委员学习贯彻党的十七大精神研讨班上强调：“抓好党的建设是全党同志的共同任务，更是各级党委的硬任务。”[③] 但“在一些领导干部眼中，抓党建同抓发展相比要虚一些，不容易出显绩，一年开几次会布置一下就可以了，不必那么上心用劲。也有一些人认为，在发展社会主义市场经济条件下，从严治党面临两难选择：过宽没有威慑力，会导致越来越多人闯‘红线’，最终法不责众；过严会束缚人手脚，影响工作活力，干不成事，甚至还会影响自己的选票”[④]。为此，党的十八大以来习近平同志在阐述全面从严治党思想时多次强调要落实管党治党的主体责任，形成了对于这一问题的系统性认识。

第一，习近平同志深化了落实管党治党主体责任对于全面从严治党重要性的认识。2013 年 1 月，习近平同志在论述党风廉政建设时专门强调：“主要领导干部也就是一把手，把该负的责任负起来了，把自身管好了，很多事就好办多了。”[⑤] 他还提醒：“各级党组织必须明白，加强党风廉政建设，加强

---

① 陈云．陈云文选：第 3 卷．北京：人民出版社，1995：356.

② 江泽民．江泽民文选：第 2 卷．北京：人民出版社，2006：47.

③ 胡锦涛．胡锦涛文选：第 3 卷．北京：人民出版社，2016：17.

④ 中共中央文献研究室．十八大以来重要文献选编：中．北京：中央文献出版社，2016：94.

⑤ 中共中央文献研究室．十八大以来重要文献选编：上．北京：中央文献出版社，2014：136.

对干部的监督，是对干部的爱护。放弃了这方面责任，就是对党和人民、对干部的极大不负责任。”[①] 在同年 6 月召开的全国组织工作会议上，习近平同志将党委的主体责任从党风廉政建设扩展到抓管党治党整体工作，明确指出：“党要管党，首先是党委要管、党委书记要管。党委书记要在其位、谋其政，履行好第一责任人职责。”[②] 次年 10 月，他在党的群众路线教育实践活动总结大会上重申：“从严治党，必须增强管党治党意识、落实管党治党责任。历史和现实特别是这次活动都告诉我们，不明确责任，不落实责任，不追究责任，从严治党是做不到的。”[③] 由此可以看出，在习近平同志的认识中，落实管党治党主体责任是保证全面从严治党取得实效的重要保障。

第二，论述了党委主体责任的内容。正如前文所言，最初在强调党委的主体责任时，主要指的是抓党风廉政建设。党的十八届三中全会决定就明确指出：“落实党风廉政建设责任制，党委负主体责任、纪委负监督责任。主体责任是前提，监督责任是保障，两者相互作用、浑然一体。”但随着管党治党进程的推进，习近平同志深化了对于这一问题的认识。2014 年 1 月 14 日，他在十八届中央纪律检查委员会第三次全体会议上明确了党委的主体责任：“主要是加强领导，选好用好干部，防止出现选人用人上的不正之风和腐败问题；坚决纠正损害群众利益的行为；强化对权力运行的制约和监督，从源头上防治腐

① 中共中央文献研究室. 十八大以来重要文献选编：上. 北京：中央文献出版社，2014：138.

② 同①354.

③ 中共中央文献研究室. 十八大以来重要文献选编：中. 北京：中央文献出版社，2016：93.

败；领导和支持执纪执法机关查处违纪违法问题；党委主要负责同志要管好班子，带好队伍，管好自己，当好廉洁从政的表率。”① 习近平同志还特别强调，党委书记“要做管党治党的书记，当好第一责任人，对党负责，对本地区本单位的政治生态负责，对干部健康成长负责”②。

第三，阐明抓好党建是各级各部门党委（党组）最大的政绩。在明确党委要在党的建设各方面履行主体责任之后，习近平同志又进一步提升了这一认识，将抓党建作为各级各部门党委（党组）最大的政绩。2014 年 10 月，他在党的群众路线教育实践活动总结大会上指出：“各级各部门党委（党组）必须树立正确政绩观，坚持从巩固党的执政地位的大局看问题，把抓好党建作为最大的政绩。如果我们党弱了、散了、垮了，其他政绩又有什么意义呢？各级党委要把从严治党责任承担好、落实好，坚持党建工作和中心工作一起谋划、一起部署、一起考核，把每条战线、每个领域、每个环节的党建工作抓具体、抓深入，坚决防止‘一手硬、一手软’。”针对一段时间以来考核干部重显绩、轻潜绩，重经济发展、轻党的建设的问题，习近平同志专门强调：“对各级各部门党组织负责人特别是党委（党组）书记的考核，首先要看抓党建的实效，考核其他党员领导干部工作也要加大这方面的权重。”③

---

① 中共中央文献研究室．习近平关于全面从严治党论述摘编．北京：中央文献出版社，2016：221-222.

② 习近平．在十八届中央纪律检查委员会第六次全体会议上的讲话．北京：人民出版社，2016：17.

③ 中共中央文献研究室．十八大以来重要文献选编：中．北京：中央文献出版社，2016：94.

党的十八大以来，习近平同志反复强调问责的缺失缺位是很多制度落实不力的重要原因。因此，落实党委管党治党的主体责任也成为习近平同志全面从严治党思想的重要内容。他不仅要求无论哪一层级、哪一领域的党组织，都应该严肃认真对待党赋予的职责，按要求进行严格的组织管理[①]；而且强调对于失职者必须追究其责任，坚持有责必问、问责必严，把监督检查、目标考核、责任追究有机结合起来，形成法规制度执行强大推动力[②]。针对“有的领导干部不敢抓不敢管，抱着‘鸵鸟心态’，唯恐得罪人、丢选票”的问题，习近平同志还专门提出要建立有利于干部敢抓敢管、有利于党委担负主体责任的制度[③]。这一系列认识不仅丰富了中国共产党关于党的建设的思想宝库，而且为全面从严治党的实践提供了方向性指导。

---

① 中共中央文献研究室. 习近平关于全面从严治党论述摘编. 北京：中央文献出版社，2016：230.

② 同①231.

③ 同①229.

第三章

将思想建党和制度治党紧密结合

早在民主革命时期，中国共产党就结合中国革命的实际创造性地提出“党在思想上的布尔什维克的一致，是党的坚强的无产阶级领导之具体表现”[①] 的重要论断。成为执政党之后，中国共产党也一直将思想建设放在党的建设的首位。进入改革开放新时期之后，在总结“文化大革命”教训的基础上，邓小平指出：“领导制度、组织制度问题更带有根本性、全局性、稳定性和长期性。这种制度问题，关系到党和国家是否改变颜色，必须引起全党的高度重视。”[②] 世纪之交，江泽民同志在强调“治国必先治党，治党务必从严”时告诫全党：“只要建立健全了从严治党的一整套制度和机制，大家都自觉坚持和维护这套制度和机制，同时又不断加强党的思想政治建设，我们党就一定会建设得更加组织严密、更加行动一致、更加团结有力、更加朝气蓬勃。”[③] 2002 年，胡锦涛同志在党的十六大上明确提出“一定要把思想建设、组织建设和作风建设有机结合起来，把制度建设贯穿其中”[④]，使制度建设与三大建设共同成为党的建设的重要组成部分。党的十八大之后，习近平同志在总结我们党从严治党的历史经验，特别是党的群众路线教育实践活动经验的基础上，进一步提出了“坚持思想建党和制度治党紧密结合”的重要思想，丰富了中国化马克思主义党建理论宝库。

---

① 张闻天．张闻天选集．北京：人民出版社，1985：77.

② 邓小平．邓小平年谱（1975—1997）：上．北京：中央文献出版社，2004：663.

③ 中共中央文献研究室．十五大以来重要文献选编：中．北京：人民出版社，2001：1120.

④ 中共中央文献研究室．十六大以来重要文献选编：上．北京：中央文献出版社，2004：38.

一、理想信念是共产党人精神上的“钙”

在接受马克思主义伊始，毛泽东就指出：“主义譬如一面旗子，旗子立起了，大家才有所指望，才知所趋赴”[①]。在领导改革开放的进程中，邓小平认为：“最重要的是人的团结，要团结就要有共同的理想和坚定的信念。我们过去几十年艰苦奋斗，就是靠用坚定的信念把人民团结起来，为人民自己的利益而奋斗。”[②] 进入新世纪之后，在总结改革开放，特别是市场经济体制确立后党的建设经验的基础上，江泽民同志告诫全党：“忘记远大理想而只顾眼前，就会失去前进方向；离开现实工作而空谈远大理想，就会脱离实际。”[③] 胡锦涛同志强调，“崇高的理想信念，始终是共产党人保持先进性的精神动力”[④]，共产党员有了理想信念，“就有了立身之本，站得就高了，眼界就宽了，心胸就开阔了，就能自觉为党和人民的事业而奋斗”[⑤]。在上述认识基础上，党的十八大以来，习近平同志创造性地将理想信念比作共产党人的精神之“钙”，全面论述了坚定党员理想信念的重要性、远大理想与共同理想之间的关系、衡量党员理想信念坚定与否的标准等问题。

第一，理想信念是共产党人的政治灵魂。思想建设的根本

① 毛泽东．毛泽东早期文稿．长沙：湖南出版社，1990：554.
② 邓小平．邓小平文选：第3卷．北京：人民出版社，1993：190.
③ 江泽民．江泽民文选：第3卷．北京：人民出版社，2006：293.
④ 中共中央文献研究室．十六大以来重要文献选编：中．北京：人民出版社，2006：620.
⑤ 同④621.

在于坚定党员干部的理想信念。因为理想信念铸造了共产党人的精神世界，是共产党人的精神之“钙”。早在十八届中共中央政治局第一次集体学习时，习近平同志就指出：“坚定理想信念，坚守共产党人精神追求，始终是共产党人安身立命的根本。对马克思主义的信仰，对社会主义和共产主义的信念，是共产党人的政治灵魂，是共产党人经受住任何考验的精神支柱。形象地说，理想信念就是共产党人精神上的‘钙’，没有理想信念，理想信念不坚定，精神上就会‘缺钙’，就会得‘软骨病’。”[①] 在 2014 年召开的党的群众路线教育实践活动第一批总结暨第二批部署会议上，习近平同志再次指出：“理想信念是共产党人的精神之‘钙’”，要求“加强思想政治建设，解决好世界观、人生观、价值观这个‘总开关’问题。”[②]

此后，习近平同志分别从多个角度反复强调理想信念对于共产党人的重要性。首先，理想信念是共产党人的立身之本。他指出：“我们党以马克思主义为立党之本，以实现共产主义为最高理想，以全心全意为人民服务为根本宗旨。这就是共产党人的本。没有了这些，就是无本之木。”[③] “要立根固本，挺起精神脊梁。”[④] 因为“对共产党人来讲，动摇了信仰，背离了党性，丢掉了宗旨，就可能在‘围猎’中被人捕获。只有在立

① 中共中央文献研究室. 十八大以来重要文献选编：上. 北京：中央文献出版社，2014：80.

② 习近平在党的群众路线教育实践活动第一批总结暨第二批部署会议上强调扎实开展第二批教育实践活动 努力取得人民群众满意的实效. 人民日报，2014-01-21.

③ 中共中央文献研究室. 习近平关于全面从严治党论述摘编. 北京：中央文献出版社，2016：62.

④ 中共中央文献研究室. 十八大以来重要文献选编：中. 北京：中央文献出版社，2016：675.

根固本上下功夫，才能防止歪风邪气近身附体”[①]。其次，理想信念是共产党战胜困难的保障。习近平同志认为：“在我们党九十多年的历史中，一代又一代共产党人为了追求民族独立和人民解放，不惜流血牺牲，靠的就是一种信仰，为的就是一个理想。”[②] 同样，“我们党之所以能够经受一次次挫折而又一次次奋起，归根到底是因为我们党有远大理想和崇高追求”。因此，他告诫全党：“坚持不忘初心、继续前进，就要牢记我们党从成立起就把为共产主义、社会主义而奋斗确定为自己的纲领。”[③] 再次，理想信念是衡量马克思主义政党战斗力的标尺。在习近平同志看来，“马克思主义政党一旦放弃马克思主义信仰、社会主义和共产主义信念，就会土崩瓦解”[④]。“理想信念动摇是最危险的动摇，理想信念滑坡是最危险的滑坡。一个政党的衰落，往往从理想信念的丧失或缺失开始。我们党是否坚强有力，既要看全党在理想信念上是否坚定不移，更要看每一位党员在理想信念上是否坚定不移。”[⑤] 最后，理想信念是共产党人的政治灵魂。习近平同志强调：“只有理想信念坚定的人，才能始终不渝、百折不挠，不论风吹雨打，不怕千难万险，坚定不移为实现既定目标而奋斗。”[⑥] “崇高的理想，坚定的信念，永远是中国共产党人的政治灵魂。”[⑦] 他告诫全党：“背离或放

---

① 习近平．在十八届中央纪律检查委员会第六次全体会议上的讲话．北京：人民出版社，2016：21.

② 中共中央文献研究室．十八大以来重要文献选编：上．北京：中央文献出版社，2014：116.

③ 习近平．在庆祝中国共产党成立 95 周年大会上的讲话．人民日报，2016-07-02.

④ 习近平．在全国党校工作会议上的讲话．求是，2016（9）.

⑤ 同③.

⑥ 习近平．在纪念朱德同志诞辰 130 周年座谈会上的讲话．人民日报，2016-11-30.

⑦ 习近平．在纪念红军长征胜利 80 周年大会上的讲话．人民日报，2016-10-22.

弃马克思主义，我们党就会失去灵魂、迷失方向。在坚持马克思主义指导地位这一根本问题上，我们必须坚定不移，任何时候任何情况下都不能有丝毫动摇。”①

第二，要将远大理想与共同理想统一起来。一些党员、干部之所以对共产主义缺乏信心，是因为他们认为共产主义非常遥远，不知道什么时候才能够实现。针对这种情绪，习近平同志在与中共中央党校第一期县委书记研修班学员座谈时指出：“共产主义决不是‘土豆烧牛肉’那么简单，不可能唾手可得、一蹴而就，但我们不能因为实现共产主义理想是一个漫长的过程，就认为那是虚无缥缈的海市蜃楼，就不去做一个忠诚的共产党员。革命理想高于天。实现共产主义是我们共产党人的最高理想，而这个最高理想是需要一代又一代人接力奋斗的。如果大家都觉得这是看不见摸不着的东西，没有必要为之奋斗和牺牲，那共产主义就真的永远实现不了了。”② 换言之，中国共产党人任何时候都不能放弃对远大理想的不懈追求。但习近平同志同时强调坚守远大理想与践行共同理想是内在统一的。“坚持马克思主义，坚持社会主义，一定要有发展的观点，一定要以我国改革开放和现代化建设的实际问题、以我们正在做的事情为中心，着眼于马克思主义理论的运用，着眼于对实际问题的理论思考，着眼于新的实践和新的发展。”③ “我们现在坚持和发展中国特色社会主义，就是向着最高理想所进行的实实在在努力。”④

---

① 习近平．在庆祝中国共产党成立95周年大会上的讲话．人民日报，2016-07-01.

② 中共中央文献研究室．十八大以来重要文献选编：中．北京：中央文献出版社，2016：321.

③ 中共中央文献研究室．十八大以来重要文献选编：上．北京：中央文献出版社，2014：114.

④ 同②.

习近平同志告诫全党："没有远大理想，不是合格的共产党员；离开现实工作而空谈远大理想，也不是合格的共产党员。"[①] 他要求："每一个共产党员都要做共产主义远大理想和中国特色社会主义共同理想的坚定信仰者、忠实实践者，为实现'两个一百年'奋斗目标、实现中华民族伟大复兴的中国梦而英勇奋斗。"[②] 关于如何将远大理想和共同理想统一起来，习近平同志认为，首先要把握当代中国的最大国情、最大实际——社会主义初级阶段，明确"党在社会主义初级阶段的基本路线是党和国家的生命线。……既不偏离'一个中心'，也不偏废'两个基本点'"[③]。他特别强调要坚决抵制抛弃社会主义的各种错误主张，自觉纠正超越阶段的错误观念和政策措施，既不妄自菲薄，也不妄自尊大。

第三，理想信念坚定，是好干部的第一标准。习近平同志认为，领导干部只要有了坚定的理想信念，"就能坚持正确政治方向，在胜利和顺境时不骄傲不急躁，在困难和逆境时不消沉不动摇，经受住各种风险和困难考验，自觉抵御各种腐朽思想的侵蚀，永葆共产党人政治本色"[④]。反之，就会走向堕落。在他看来，"党内政治生活出现这样那样的问题，根子还是一些党员、干部理想信念这个'压舱石'发生了动摇，世界观、人生观、价值观这个'总开关'出现了松动"[⑤]。因此，他强

① 中共中央文献研究室. 十八大以来重要文献选编：上. 北京：中央文献出版社，2014：116.

② 习近平. 在纪念朱德同志诞辰130周年座谈会上的讲话. 人民日报，2016-11-30.

③ 同①76.

④ 同①117.

⑤ 中共中央文献研究室. 习近平关于全面从严治党论述摘编. 北京：中央文献出版社，2016：73.

调:“理想信念坚定,是好干部的第一位的标准,是不是好干部首先看这一条。如果理想信念不坚定,不相信马克思主义,不相信中国特色社会主义,政治上不合格,经不起风浪,这样的干部能耐再大也不是我们党需要的好干部。只有理想信念坚定,用坚定理想信念炼就了‘金刚不坏之身’,干部才能在大是大非面前旗帜鲜明,在风浪考验面前无所畏惧,在各种诱惑面前立场坚定,在关键时刻靠得住、信得过、能放心。”① 习近平同志还明确了信念坚定的具体内涵,指出:“党的干部必须坚定共产主义远大理想,真诚信仰马克思主义,矢志不渝为中国特色社会主义而奋斗,坚持党的基本理论、基本路线、基本纲领、基本经验、基本要求不动摇。”②

理想信念是党员干部保持政治定力、头脑清醒的根本。党的领导干部,特别是高级领导干部应当成为理想信念的标杆。2015 年,在十八届五中全会第二次全体会议上,习近平同志指出:“如果党的高级干部对党的领导、对中国特色社会主义丧失了信心,那我们党、国家、民族还有什么希望?高级干部必须坚定对马克思主义的信仰、对共产主义和社会主义的信念、对党和人民的忠诚,牢固树立党的观念……牢固树立马克思主义世界观、人生观、价值观和正确的权力观、地位观、利益观,时刻警惕权力、金钱、美色的诱惑。”③ 次年 1 月,习近平同志在重庆调研时再次强调:“领导干部要把理想信念时时处

① 中共中央文献研究室. 十八大以来重要文献选编:上. 北京:中央文献出版社,2014:338.

② 同①337-338.

③ 中共中央文献研究室. 习近平关于全面从严治党论述摘编. 北京:中央文献出版社,2016:64-65.

处体现为行动的力量，树立起让人看得见、感受得到的理想信念标杆。”①

第四，衡量党员干部理想信念坚定与否是有客观标准的。党的十八大召开后不久，习近平同志在新进中央委员会的委员、候补委员学习贯彻党的十八大精神研讨班上指出：“今天，衡量一名共产党员、一名领导干部是否具有共产主义远大理想，是有客观标准的，那就要看他能否坚持全心全意为人民服务的根本宗旨，能否吃苦在前、享受在后，能否勤奋工作、廉洁奉公，能否为理想而奋不顾身去拼搏、去奋斗、去献出自己的全部精力乃至生命。”② 此后，他又补充了“是否能在重大政治考验面前有政治定力”“是否能对工作极端负责”“是否能在急难险重任务面前勇挑重担”“是否能经得起权力、金钱、美色的诱惑”等内容。当然，他也承认：“和平建设时期，生死考验有，但毕竟不多，检验一个干部理想信念是否坚定确实比较难，……这样的检验需要一个过程，不是一下子、经历一两件事、听几句口号就能解决的，要看长期表现，甚至看一辈子。”③

基于理想信念的重要性，习近平提出，“要把理想信念教育作为思想建设的战略任务，保持全党在理想追求上的政治定力”④，“教育引导广大党员、干部认真学习和实践马克思列宁主义、毛泽东思想、中国特色社会主义理论体系，做共产主义远大理想和中国特色社会主义共同理想的坚定信仰者和忠实实

① 习近平在重庆调研时强调落实创新协调绿色开放共享发展理念 确保如期实现全面建成小康社会目标. 人民日报，2016-01-07.

② 中共中央文献研究室. 十八大以来重要文献选编：上. 北京：中央文献出版社，2014：116.

③ 同②340.

④ 习近平. 在庆祝中国共产党成立 95 周年大会上的讲话. 人民日报，2016-07-02.

践者，以理论上的坚定保证行动上的坚定，以思想上的清醒保证用权上的清醒”[①]。

二、坚持用科学理论武装头脑

马克思主义政党理论方面的先进性，不但表现为党的领导集体能够与时俱进地进行理论创新，而且表现为全体党员都能够理解、掌握科学的世界观和方法论以及最新的理论成果。早在革命时期，毛泽东就指出：“一切有相当研究能力的共产党员，都要研究马克思、恩格斯、列宁、斯大林的理论，都要研究我们民族的历史，都要研究当前运动的情况和趋势；并经过他们去教育那些文化水准较低的党员。”[②] 1992 年邓小平在南方谈话中强调：“马克思主义是打不倒的。打不倒，并不是因为大本子多，而是因为马克思主义的真理颠扑不破。”[③] 次年，江泽民同志强调：“全党真正用建设有中国特色社会主义的理论武装起来，在贯彻执行党的基本路线和方针政策时，就能保持思想上、政治上的高度一致。有了这一条，其他事情就好办了。”[④] 面对西方敌对势力的鼓噪，国内的各种噪音杂音，胡锦涛同志指出：“要坚持不懈用马克思主义中国化最新成果武装全党、教育人民，使之真正深入头脑、扎根人心，转化为广大

① 中共中央纪律检查委员会，中共中央文献研究室．习近平关于党风廉政建设和反腐败斗争论述摘编．北京：中央文献出版社，2015：141.

② 毛泽东．毛泽东选集：第 2 卷．北京：人民出版社，1991：532－533.

③ 邓小平．邓小平文选：第 3 卷．北京：人民出版社，1993：382.

④ 中共中央文献研究室．十四大以来重要文献选编：上．北京：人民出版社，1996：331.

干部群众的自觉行动。”[①] 这些都对十八大后党的思想建设具有重要启示。

党的十八大以来，以习近平同志为核心的党中央高度重视理论武装的作用，多次强调全党要加强对马克思列宁主义、毛泽东思想、邓小平理论、“三个代表”重要思想、科学发展观，特别是党的十八大以来党中央治国理政新理念新思想新战略的学习。2013 年 6 月，习近平同志在中共中央政治局会议上指出：“要加强对马克思主义理论特别是邓小平理论、‘三个代表’重要思想、科学发展观的学习，把握科学的世界观和方法论，加强思想武装，坚定理想信念，增强政治敏锐性和政治鉴别力。”[②] 2014 年 10 月 8 日，习近平同志在党的群众路线教育实践活动总结大会上再次要求：“党员、干部必须认真学习马克思列宁主义、毛泽东思想特别是中国特色社会主义理论体系，自觉用贯穿其中的立场、观点、方法武装头脑、指导实践、推动工作，始终不渝为中国特色社会主义共同理想而奋斗。”[③] 2016 年 10 月，习近平同志在十八届六中全会第二次全体会议上进一步强调：“加强思想教育和理论武装，是党内政治生活的首要任务，是保证全党步调一致的前提。”[④] 当月印发的《关于新形势下党内政治生活的若干准则》更是把马克思主义理论作为党员、干部的必修课，要求他们“认真学习马克思列宁主义、毛

① 胡锦涛. 胡锦涛文选：第 2 卷. 北京：人民出版社，2016：528.

② 中共中央政治局召开专门会议对照检查中央八项规定落实情况讨论研究深化改进作风举措 中共中央总书记习近平主持会议并发表重要讲话. 人民日报，2013-06-26.

③ 中共中央文献研究室. 十八大以来重要文献选编：中. 北京：中央文献出版社，2014：95.

④ 中共中央文献研究室. 习近平关于全面从严治党论述摘编. 北京：中央文献出版社，2016：73.

泽东思想、邓小平理论、‘三个代表’重要思想、科学发展观，认真学习习近平总书记系列重要讲话精神，认真学习党章党规，不断提高马克思主义思想觉悟和理论水平。系统掌握马克思主义基本原理，学会用马克思主义立场、观点、方法观察问题、分析问题、解决问题，特别是要聚焦现实问题，不断深化对共产党执政规律、社会主义建设规律、人类社会发展规律的认识”①。

之所以反复强调理论武装的重要性，除了继承我们党坚持用先进理论武装全党的优良传统外，还因为在习近平同志看来，“崇高信仰、坚定信念不会自发产生”②。“坚定的理想信念，必须建立在对马克思主义的深刻理解之上，建立在对历史规律的深刻把握之上。”③ 换言之，“只有理论上清醒才能有政治上清醒，只有理论上坚定才能有政治上坚定”④。而在把学习成果转化为不可撼动的理想信念，转化为正确的世界观、人生观、价值观的过程中，习近平同志认为培养理论思维能力是十分重要的。早在党的十八大之前，他就提出：“党员领导干部只有努力学习和掌握马克思主义立场观点方法，才能从根本上不断提高自己的思想理论水平和辨别是非能力，增强认识世界和改造世界的能力，坚定中国特色社会主义信念和共产主义理想。”⑤ 2013 年 8 月，他在全国宣传思想工作会议上再次强调，“对领导干部特别是高级干部来说，要把系统掌握马克思主义

① 关于新形势下党内政治生活的若干准则．新华网，2016-11-02.

② 中共中央文献研究室．习近平关于全面从严治党论述摘编．北京：中央文献出版社，2016：61.

③ 习近平．在庆祝中国共产党成立 95 周年大会上的讲话．人民日报，2016-07-02.

④ 习近平．办公厅工作要做到“五个坚持”．秘书工作，2014（6）.

⑤ 习近平．深入学习中国特色社会主义理论体系　努力掌握马克思主义立场观点方法．求是，2010（7）.

基本理论作为看家本领"[①]。同年 12 月，习近平同志在主持中央政治局第十一次集体学习时，进一步提醒党的各级领导干部特别是高级干部"要原原本本学习和研读经典著作，努力把马克思主义哲学作为自己的看家本领，坚定理想信念，坚持正确政治方向，提高战略思维能力、综合决策能力、驾驭全局能力"。因为"我们党在中国这样一个有着 13 亿人口的大国执政，面对着十分复杂的国内外环境，肩负着繁重的执政使命，如果缺乏理论思维的有力支撑，是难以战胜各种风险和困难的，也是难以不断前进的"[②]。在此基础上，习近平同志提出"理论修养是干部综合素质的核心"，并要求中央政治局要带头加强理论学习，掌握马克思主义立场、观点、方法，不断补精神之钙、固思想之元、培为政之本，做到内化于心、外化于行，从根本上解决本领恐慌的问题[③]。

三、扎紧制度的笼子，依规管党治党

在坚持思想建党原则的同时，新时期以来中国共产党越来越注重党内法规制度建设。1978 年 12 月，邓小平在中央工作会议闭幕会上强调："国要有国法，党要有党规党法。党章是

---

① 中共中央文献研究室. 习近平关于全面从严治党论述摘编. 北京：中央文献出版社，2016：61.

② 习近平在中共中央政治局第十一次集体学习时强调推动全党学习和掌握历史唯物主义更好认识规律更加能动地推进工作. 人民日报，2013-12-05.

③ 同①67.

最根本的党规党法。没有党规党法，国法就很难保障。”[①] 1992年，党的十四大正式将“党内法规”写入党章，明确规定党的各级纪委的主要任务是“维护党的章程和其他党内法规”。2001年，江泽民同志强调：“各级党组织和每个党员都要严格按照党的章程和党内法规行事，严格遵守党的纪律。”[②] 2006年，胡锦涛同志明确提出：“要适应新形势新任务的要求，加强以党章为核心的党内法规制度体系建设”[③]。党的十八大以来，以习近平同志为核心的党中央将党内法规制度建设提到了从未有过的新高度，将其作为事关党长期执政和国家长治久安的重大战略任务。从十八届中央纪委二次全会强调“加强反腐倡廉党内法规制度建设”“把权力关进制度的笼子里”，到党的十八届三中全会明确提出深化党的建设制度改革的任务；从党的十八届四中全会正式确定“完善的党内法规体系”为中国特色社会主义法治体系的五大子体系之一，到党的十八届五中全会提出“必须坚持依法执政，全面提高党依据宪法法律治国理政、依据党内法规管党治党的能力和水平”，把依规治党和依法治国相提并论，以习近平同志为核心的党中央已经形成了关于党内法规制度建设的系统性认识，进一步发展了马克思主义党的建设相关理论。

第一，加强党内法规制度建设是全面从严治党的长远之策、根本之策。首先，党的建设与党的事业需要制度保障。在

---

① 邓小平．邓小平文选：第2卷．北京：人民出版社，1994：147.

② 中共中央文献研究室．十五大以来重要文献选编：下．北京：中央文献出版社，2003：1921.

③ 中共中央文献研究室．十六大以来重要文献选编：下．北京：中央文献出版社，2007：181.

习近平同志看来，“我们党要履行好执政兴国的重大历史使命、赢得具有许多新的历史特点的伟大斗争胜利、实现党和国家的长治久安，必须坚持依法治国与制度治党、依规治党统筹推进、一体建设”[①]。因此，他要求全党要把制度建设摆在党的建设的重要位置，以制度建设巩固思想建设、组织建设、作风建设、反腐倡廉建设成果[②]，同时要以改革创新精神加快补齐党建方面的法规制度短板，努力形成系统完备的制度体系。其次，加强党内法规制度建设有利于破除潜规则、净化党内政治生态。习近平同志认为：“解决党内存在的种种难题，必须营造一个良好从政环境，也就是要有一个好的政治生态。”[③]“‘明制度’名存实亡，‘潜规则’大行其道”是党内政治生态不健康的重要表现。而要“破除潜规则，根本之策是强化明规则，以正压邪，让潜规则在党内以及社会上失去土壤、失去通道、失去市场”[④]。因此，他在多个场合强调要在党内立明规明矩。再次，“铲除不良作风和腐败现象滋生蔓延的土壤，根本上要靠法规制度”。习近平同志指出一些领导干部之所以会“搞权钱交易、权色交易”，其中一个重要原因就是我们一些领域的体制机制还不健全。因此，他强调：“只有建好制度、立好规矩，把法规制度建设贯穿到反腐倡廉各个领域、落实到制约和监督权力各个方面，发挥法规制度的激励约束作用，才能筑起遏制

---

① 坚持依法治国与制度治党、依规治党统筹推进、一体建设. 人民日报，2016-12-26.

② 中共中央纪律检查委员会，中共中央文献研究室. 习近平关于严明党的纪律和规矩论述摘编. 北京：中央文献出版社，2016：127-128.

③ 中共中央文献研究室. 习近平总书记重要讲话文章选编. 北京：中央文献出版社，2016：157.

④ 同②54.

腐败现象滋生蔓延的‘堤坝’，才能推动形成不敢腐、不能腐、不想腐的有效机制。”[①] 最后，加强党内法规制度建设是防止权力滥用的关键。在习近平同志看来，“把权力关进制度的笼子里，首先要建好笼子。笼子太松了，或者笼子很好但门没关住，进出自由，那是起不了什么作用的”[②]。因此，要加强党内法规制度建设，扎紧制度的笼子。

第二，加强党内法规制度建设必须以党章为核心。党的十八大召开后不久，习近平同志就在《人民日报》上发表文章指出：“党章是党的总章程，集中体现了党的性质和宗旨、党的理论和路线方针政策、党的重要主张，规定了党的重要制度和体制机制，是全党必须共同遵守的根本行为规范。”“建立健全党内制度体系，要以党章为根本依据……要加强对遵守党章、执行党章情况的督促检查，对党章意识不强、不按党章规定办事的要及时提醒，对严重违反党章规定的行为要坚决纠正，全党共同来维护党章的权威性和严肃性。”[③] 次月，他又在首都各界纪念现行宪法公布施行三十周年大会上指出：“新形势下，我们党要履行好执政兴国的重大职责，必须依据党章从严治党、依据宪法治国理政。”[④] 2013年，在十八届中央纪委二次全会上习近平同志再次强调，“每一个共产党员特别是领导干部

① 中共中央文献研究室．习近平关于全面从严治党论述摘编．北京：中央文献出版社，2016：61.

② 中共中央纪律检查委员会，中共中央文献研究室．习近平关于严明党的纪律和规矩论述摘编．北京：中央文献出版社，2016：53.

③ 中共中央文献研究室．习近平总书记重要讲话文章选编．北京：中央文献出版社，2016：1、4.

④ 中共中央文献研究室．十八大以来重要文献选编：上．北京：中央文献出版社，2014：91.

都要牢固树立党章意识，自觉用党章规范自己的一言一行”，“用入党誓词约束自己”[①]。2014 年，习近平同志在参加河南省兰考县委常委班子专题民主生活会时专门强调，“我们党的制度是从党章开始的，学习党章学了半天，最后还是视而不见、听而不闻，这不行”[②]。此后，他明确提出要“构建以党章为根本、若干配套党内法规为支撑的党内法规制度体系”[③]，强调党内法规制度建设必须在体现党章的基本原则和精神的基础上，提升法规制度整体效应。

第三，加强党内法规制度建设必须着力解决执行力问题。习近平同志曾总结当前党建工作面临着四方面难题，其中一个方面就是“党内生活政治性、原则性在下降，自由主义、好人主义有所滋长，制度执行不严情况大量存在，很多制度只是摆设”[④]。因此，他强调：“一分部署还要九分落实。制定制度很重要，更重要的是抓落实，九分气力要花在这上面。”[⑤]“好的法规制度如果不落实，只是写在纸上、贴在墙上、编在手册里，就会成为‘稻草人’、‘纸老虎’，不仅不能产生应有作用，反而会损害法规制度的公信力。”[⑥] 在习近平同志看来，制度执行不力主要有两方面原因。其一，一些制度本身空洞乏力，缺乏针对性和指导性。对此，他强调，“制度不在多，而在于精，在于务实管用”，“要

---

① 中共中央文献研究室．习近平总书记重要讲话文章选编．北京：中央文献出版社，2016：22.

② 中共中央文献研究室．习近平关于全面从严治党论述摘编．北京：中央文献出版社，2016：128－129.

③ 习近平．加快建设社会主义法治国家．求是，2015（1）.

④ 同②7.

⑤ 同②129.

⑥ 同②189－190.

搞好配套衔接，做到彼此呼应，增强整体功能。要增强制度执行力，制度执行到人到事”[①]。其二，制度的刚性不够。对此，他强调：“要坚持制度面前人人平等、执行制度没有例外，不留‘暗门’、不开‘天窗’，坚决维护制度的严肃性和权威性，坚决纠正有令不行、有禁不止的行为，使制度成为硬约束而不是橡皮筋。”[②]

第四，加强党内法规制度建设必须将依规治党与以德治党相结合。党的十八大之后，党中央高度重视党内法规制度建设，提出了依规治党的重要理念，并制定了“力争到建党 100 周年时形成比较完善的党内法规制度体系”的建设目标。但习近平同志同时提醒全党，不要“以为定了制度、有了规章就万事大吉了”[③]。不筑牢思想道德的防线，党内法规制度的执行就会缺乏保障。因此，他强调：“法律是成文的道德，道德是内心的法律。法律和道德都具有规范社会行为、调节社会关系、维护社会秩序的作用，在国家治理中都有其地位和功能。”[④] 全党要加强警示教育，让广大党员、干部受警醒、明底线、知敬畏，主动在思想上画出红线、在行为上明确界限，真正敬法畏纪、遵规守矩。思想教育要结合落实制度规定来进行，抓住主要矛盾，不搞空对空。要使加强制度治党的过程成为加强思想建党的过程，也要使加强思想建党的过程成为加强制度治党的过程[⑤]。在 2016 年召开的十八届中央纪律检查委员会第六次全

① 中共中央文献研究室. 十八大以来重要文献选编：中. 北京：中央文献出版社，2014：95.

② 中共中央文献研究室. 习近平总书记重要讲话文章选编. 北京：中央文献出版社，2016：156.

③ 同①94.

④ 坚持依法治国和以德治国相结合　推进国家治理体系和治理能力现代化. 人民日报，2016-12-11.

⑤ 同①95.

体会议上，习近平同志进一步明确了这一管党治党的战略方针，指出党的十八大以来全面从严治党的重要经验就是深入研究探索，汲取全党智慧，坚持依规治党和以德治党相统一，坚持高标准和守底线相结合，把从严治党实践成果转化为道德规范和纪律要求①。

四、用制度管权、治吏

早在《共产党宣言》中，马克思恩格斯就强调共产党人"没有任何同整个无产阶级的利益不同的利益"②。中国共产党自成立以来也始终将"为人民服务"作为党的根本宗旨。但近年来，党内一些领导干部抵御不住金钱、美色等诱惑，开始滥用手中权力为个人谋取私利。针对这一情况，习近平同志在2013年召开的十八届中央纪委二次全会上指出："各级领导干部都要牢记，任何人都没有法律之外的绝对权力，任何人行使权力都必须为人民服务、对人民负责并自觉接受人民监督"③，"决不能把权力变成牟取个人或少数人私利的工具，永葆共产党人政治本色"④。2014年全国"两会"期间，习近平同志在参加安徽代表团审议时给各级干部提出："三严三实"具体要求，其中就包括严以用权。他指出："严以用权，就是要坚持用权为

① 习近平. 在中纪委第六次全体会议上的讲话. 人民日报，2016-05-03.

② 马克思，恩格斯. 马克思恩格斯选集：第1卷. 北京：人民出版社，2012：413.

③ 中共中央文献研究室. 十八大以来重要文献选编：上. 北京：中央文献出版社，2014：136.

④ 同③138.

民，按规则、按制度行使权力，把权力关进制度的笼子里，任何时候都不搞特权、不以权谋私。”[①] 次年1月，在同中共中央党校第一期县委书记研修班学员进行座谈时，他再次强调：“我们的权力是党和人民赋予的，是为党和人民做事用的，姓公不姓私，只能用来为党分忧、为国干事、为民谋利。要正确行使权力，依法用权、秉公用权、廉洁用权……做到心有所畏、言有所戒、行有所止，处理好公和私、情和法、利和法的关系。”[②] 习近平同志还特别提醒高级干部：“职位越高，越要夙兴夜寐工作，越要毫无私心把自己的一切奉献给党和人民，越要按规则正确用权、谨慎用权、干净用权。”[③]

由此可见，在习近平同志看来，领导干部必须树立正确的权力观。但他同时认为，要保证人民赋予的权力始终用来为人民谋利益，仅靠教育是不够的，必须用制度管权。首先，要让权力在阳光下运行。习近平同志指出：“阳光是最好的防腐剂。权力运行不见阳光、或有选择地见阳光，公信力就无法树立。”其次，权力必须受到制约和监督。习近平同志认为：“权力不论大小，只要不受制约和监督，都可能被滥用。”他强调，各级党政组织、各级领导干部手中的权力是党和人民赋予的，是上下左右有界受控的，不是可以为所欲为、随心所欲的。因此，必须健全权力运行制约和监督体系，让人民监督权力。再次，要建立权力清单。习近平同志认为：“执政党对资源的支配权力很大，应

---

① 中共中央文献研究室．习近平关于全面从严治党论述摘编．北京：中央文献出版社，2016：158.

② 中共中央文献研究室．十八大以来重要文献选编：中．北京：中央文献出版社，2016：325.

③ 同①34.

该有一个权力清单，什么权能用，什么权不能用，什么是公权，什么是私权，要分开。”[①] 也就是说，要“合理分解权力，科学配置权力，不同性质的权力由不同部门、单位、个人行使，形成科学的权力结构和运行机制”[②]。在此基础上，他还要求深化体制机制改革，压缩自由裁量空间，杜绝各种暗箱操作。最后，要保证权力在法治轨道上行使。习近平指出：“把权力关进制度的笼子里，就是要依法设定权力、规范权力、制约权力、监督权力。如果法治的堤坝被冲破了，权力的滥用就会像洪水一样成灾。”[③] 因此，他要求：“各级领导干部尤其要弄明白法律规定我们怎么用权，什么事能干、什么事不能干，心中高悬法律的明镜，手中紧握法律的戒尺，知晓为官做事的尺度。”[④]

政治路线确定之后，干部就是决定的因素。全面从严治党，不仅要管权，还要管好手握权力的“关键少数”。党的十八大以来，以习近平同志为核心的党中央高度重视从严管理干部，将其作为全面从严治党的关键内容。2013 年，习近平同志在全国组织工作会议上指出，进行具有许多新的历史特点的伟大斗争，实现党的十八大确定的各项任务目标，关键在党，关键在人。关键在人，就是要建设一支宏大的高素质干部队伍。因此，党要管党，首先是管好干部；从严治党，关键是从严治吏。2014 年，在党的群众路线教育实践活动总结大会上，习近平同志再次强调：“干部掌

---

① 中共中央文献研究室．习近平关于全面从严治党论述摘编．北京：中央文献出版社，2016：55.

② 同①201.

③ 同①59.

④ 习近平在省部级主要领导干部学习贯彻十八届四中全会精神 全面推进依法治国专题研讨班开班式上发表重要讲话强调领导干部要做尊法学法守法用法的模范 带动全党全国共同全面推进依法治国．人民日报，2015-02-03.

握着方方面面的权力，是党的理论和路线方针政策的具体执行者，如果干部队伍素质不高、作风不正，那党的建设是不可能搞好的。……我们国家要出问题主要出在共产党内，我们党要出问题主要出在干部身上。”[①] 所以，各级党组织“要坚持以严的标准要求干部、以严的措施管理干部、以严的纪律约束干部，使干部心有所畏、言有所戒、行有所止”[②]。2015 年，在十八届中央政治局第二十六次集体学习时，习近平同志进一步提醒领导干部和各级党组织，“严和实是一件一件事情、一点一点修为积累起来的，不严不实也往往不是一下子就造成的。践行‘三严三实’，必须落细落小，多积寸尺之功，经常防微杜渐”。因此，他要求“领导干部要注意防范从不严不实的细枝末节走向腐败堕落，各级党组织也要在‘三严三实’上抓早抓小”[③]。针对从严治吏后出现的所谓“为官不易”“为官不为”问题，习近平同志明确指出：“党的干部都是人民公仆，自当在其位谋其政，既廉又勤，既干净又干事。……现在的主要倾向不是严了，而是失之于宽、失之于软，不存在严过头的问题。”[④] 在领导落实从严治吏的实践过程中，习近平同志从新形势下中国的发展变化出发对如何从严治吏进行了系统性论述，深化了我们党对共产党执政规律、党的建设规律、组织工作特别是干部工作规律的认识。

第一，系统阐述了新形势下党的干部选用标准。选人用人

---

① 中共中央文献研究室．十八大以来重要文献选编：中．北京：中央文献出版社，2016：97.

② 同①97－98.

③ 中共中央文献研究室．习近平总书记重要讲话文章选编．北京：中央文献出版社，2016：263－264.

④ 同①98.

是干部工作的核心问题，是党内政治生活的风向标。从严治吏，首先要明确选人用人的标准。2013 年，在全国组织工作会议上，习近平同志指出，“好干部的标准，大的方面说，就是德才兼备”，但他同时强调“不同历史时期，对干部德才的具体要求有所不同”。当前好干部的标准主要有五条，即“信念坚定、为民服务、勤政务实、敢于担当、清正廉洁”①。2015 年 6 月 30 日，习近平同志在北京接见全国优秀县委书记时要求：“广大县委书记要以焦裕禄、杨善洲、谷文昌等同志为榜样，始终做到心中有党、心中有民、心中有责、心中有戒，做政治的明白人、发展的开路人、群众的贴心人和班子的带头人。”同年 12 月，他在全国党校工作会议上进一步强调，要实现“两个一百年”的奋斗目标、实现中华民族伟大复兴的中国梦，“关键在于培养造就一支具有铁一般信仰、铁一般信念、铁一般纪律、铁一般担当的干部队伍”②。

第二，全面分析了从严管理干部的内容。在习近平同志看来，从严管理干部，必须涵盖五方面内容。其一，管理要全面。从一进入干部队伍的年轻同志到离退休干部要全覆盖，重点是各级领导干部和身处关键岗位、掌握大量公共资源的干部。其二，标准要严格。要以党章规定的干部条件为依据，突出干部的先进性和示范性，不能把干部管理标准降低到不违纪不违法就行的低水平上。其三，环节要衔接。要把日常管理和关键时刻管理贯通起来，把上级管理、班子管理、自身管理结合起来，把行为管理和思想

---

① 中共中央文献研究室．十八大以来重要文献选编：上．北京：中央文献出版社，2014：337.

② 习近平．在全国党校工作会议上的讲话．求是，2016（9）.

管理、工作圈管理和社交圈管理统一起来，做到干部随管理成长、管理伴干部一生。其四，措施要配套。要综合运用教育引导、制度约束、考核评价、监督检查等手段，普遍对象采取普遍措施，重点对象采取特殊措施，日常管理采取常规措施，关键时刻采取关键措施，多做规范言行、防微杜渐、纠偏纠错的工作，多做扯扯袖子、提提领子的工作，最大限度避免干部犯错误、犯重复性错误、犯大错误。其五，责任要分明。要根据干部管理权限，把对每个干部管理的主体责任、直接责任、配合责任划分清楚，谁该负责就由谁负责，谁该负主要责任就由谁负主要责任，哪个环节出问题就追究哪个环节管理主体的责任①。

第三，指明了深化干部人事制度改革的方向。选人用人是关系党和人民事业的关键性、根本性问题。习近平同志指出，要在坚持党管干部原则基础上，努力构建系统完备、科学规范、有效管用、简便易行的制度机制。这也是深化干部人事制度改革的总目标。具体而言，习近平同志认为，一是要健全考察机制和办法，多渠道、多层次、多侧面了解干部。首先，要近距离接触干部，观察干部对重大问题的思考，看其见识见解；观察干部对群众的感情，看其品质情怀；观察干部对待名利的态度，看其境界格局；观察干部处理复杂问题的过程和结果，看其能力水平。其次，考察识别干部，功夫要下在平时，并注意重要关头，关键时刻。……既要在“大事”上看德，又要在“小节”中察德。再次，要改进考核干部政绩的方法手

① 中共中央文献研究室．习近平总书记重要讲话文章选编．北京：中央文献出版社，2016：235－236.

段，既看发展又看基础，既看显绩又看潜绩，把民生改善、社会进步、生态效益等指标和实绩作为重要考核内容。最后，要改进民主推荐、民主测评，正确分析和看待票数，分清选任干部和委任干部的区别，弄清选票在不同类型干部管理中的分量，避免一刀切，防止简单以票取人[①]。二是要合理界定竞争性选拔的范围和规模，改进竞争性选拔方式。“公开选拔和竞争上岗的范围和规模要合理，不宜硬性规定竞争性选拔比例，更不能搞什么‘凡提必竞’。”在组织竞争性选拔时，要“引导干部在实干、实绩上竞争，而不是在考试、分数上竞争，不能搞‘一考定音’”[②]。三是改进优秀年轻干部培养选拔机制和后备干部制度。习近平同志认为，“干部成长是有规律的，年轻干部从参加工作到走向成熟，成长为党和国家的中高级领导干部，需要经过必要的台阶、递进式的历练和培养”，不能为了优化班子年龄结构，就“不注意人选内在素质，忽视了必要的履职经历和岗位历练，把一些尚不成熟的干部放到领导岗位”。“对后备干部要坚持组织掌握，实行动态管理、优胜劣汰，建立健全培养锻炼、适时使用、定期调整、有进有退的机制，保持一池活水。”[③]

在强调深化干部人事制度改革的同时，习近平同志也提醒各级党组织，“从严管理干部，要坚持思想建党和制度治党紧密结合，既从思想教育上严起来，又从制度上严起来”[④]。事实

① 中共中央文献研究室．十八大以来重要文献选编：上．北京：中央文献出版社，2014：343－344．

② 同①347．

③ 同①348－349．

④ 中共中央文献研究室．习近平关于全面从严治党论述摘编．北京：中央文献出版社，2016：138．

上，党的十八大以来全面从严治党之所以能够取得如此大的成果，也正因为在党的建设各项工作中坚持把思想建党和制度治党相结合，一柔一刚，同向发力、同时发力。这是党的十八大以来中国共产党管党治党的一大特色，也是以习近平同志为核心的党中央在深刻总结历史经验基础上运用系统思维、辩证思维创新党的建设理论的重要成果。

第四章

作风建设永远在路上

党的十八大以来，以习近平同志为核心的党中央十分重视加强和改进党的作风建设，不仅发表了许多重要而精辟的论述，在实践上也采取了许多重大举措，党的作风建设取得了重大进展。

一、党的作风关系党的生死存亡

可以说，以习近平同志为核心的党中央对加强和改进党的作风建设的极端重要性和紧迫性的认识不仅十分深刻，而且一以贯之。早在2012年11月，习近平同志就深刻指出："党的作风关系党的形象，关系人心向背，关系党的生死存亡。"① 作风问题无小事，可以说所有腐败问题，起初往往都是从作风失范开始的，从不讲规矩开始的，从违反纪律开始的。几顿饭，几杯酒，几张卡，温水煮青蛙，不知不觉，一失足成千古恨。2016年7月1日，在庆祝中国共产党成立95周年大会上的讲话中，习近平同志进一步指出：党的作风是党的形象，是观察党群干群关系、人心向背的晴雨表。党的作风正，人民的心气顺，党和人民就能同甘共苦。实践证明，只要真管真严、敢管敢严，党风建设就没有什么解决不了的问题。作风建设永远在路上。坚持抓常、抓细、抓长，使党的作风全面好起来，确保党始终同人民同呼吸、共命运、心连心②。这些论述，深刻揭

① 习近平论党的作风建设——十八大以来重要论述摘编. 党建，2014（8）.

② 习近平. 在庆祝中国共产党成立95周年大会上的讲话. 人民日报，2016-07-02.

示了加强和改进党的作风建设的极端重要性。

历史表明，中国共产党总是在革命和建设的关键时期将作风建设放在突出的位置。早在新中国成立之前，毛泽东就对加强党风建设进行了艰辛的探索。1938 年 10 月，他提出共产党员应该成为“实事求是的模范”“具有远见卓识的模范”“学习的模范”[①]。著名的延安整风运动，是中国共产党走向成熟和成功的关键之举，开创了以整风形式加强党的建设的先例。1945 年，毛泽东概括出中国共产党的三大优良作风，即理论和实践相结合、密切联系群众、批评与自我批评。这三大作风，是中国共产党区别于其他任何政党的显著标志。新中国成立前夕，毛泽东针对民主革命胜利后资产阶级“糖衣炮弹”将成为无产阶级主要威胁的实际，又提出：“务必使同志们继续地保持谦虚、谨慎、不骄、不躁的作风，务必使同志们继续地保持艰苦奋斗的作风。”[②] 新中国成立后，以毛泽东同志为核心的党的第一代中央领导集体对加强党的作风建设继续探索，尤其是在 1957 年中国进入社会主义之初，开展了以正确处理人民内部矛盾为主题，以反对官僚主义、命令主义、形式主义为主要内容的整风运动，以期全党尽快适应领导社会主义建设的实际。

改革开放之初，面对“文化大革命”遗留下来的不良党风和商品经济大潮对党风带来的新挑战，陈云于 1980 年提出党的作风“关系到党的生死存亡”的著名论断。以邓小平同志为核心的党的第二代中央领导集体于 1983 年到 1987 年领导了一次全党

---

① 毛泽东．毛泽东选集：第 2 卷．北京：人民出版社，1991：522－523.

② 毛泽东．毛泽东选集：第 4 卷．北京：人民出版社，1991：1438－1439.

范围的整党运动。通过整党，纯洁了党的组织，净化了党的风气。中共十三届四中全会特别是中共十四大以来，以江泽民同志为核心的党的第三代中央领导集体更加重视党的作风建设，这表现在：一是关于加强和改进作风建设的总体部署和方针原则。中共十五届六中全会专门讨论通过了《关于加强和改进党的作风建设的决定》，明确了党在新的发展阶段党风建设的总体部署，提出加强和改进作风建设必须遵循的两条基本原则：必须以经济建设为中心；必须进一步坚持党要管党和从严治党的方针。二是关于加强和改进作风建设的主要内容和任务，党风建设主要包括“思想作风”“工作作风”“领导作风”“学风”和“生活作风”等方面。三是关于加强党风建设的途径和方法。第一，要服务大局，整体推进，从严要求，标本兼治。“党的作风建设，与党的思想建设、组织建设等是相互联系、相互促进的。”[①] 加强党风建设，必须从大局尤其是经济建设这个中心出发，结合党的思想建设、组织建设，按照从严要求、标本兼治的思路，带动和促进政风、行业风气和整个社会风气建设。第二，坚持一靠教育，二靠制度，从源头上预防和治理各种不良作风。要用马克思主义武装全党，在思想上构筑起牢固的防线，自觉抵御各种不良风气的侵蚀。同时，建立一套科学、管用的考绩、任免、监督、奖惩、追究制度和机制，推进党风廉政建设的制度化和规范化，并在抓落实上下功夫。第三，领导干部要以身作则，做好表率。各级党政“一把手”要抓住“密切党同人民群众的联系”这个核心问题，既要在班子中带头发扬好作风，又要抓好本地区本部门的作

① 江泽民. 江泽民论有中国特色社会主义（专题摘编）. 北京：中央文献出版社，2002：624.

风建设，以身作则，做好表率。党的十六大以来，以胡锦涛同志为总书记的党中央一如既往地关注党风建设。2002年12月，胡锦涛同志在西柏坡考察工作时，倡导全党“大力发扬艰苦奋斗的作风”。2004年1月，在第十七届中央纪律检查委员会第三次全体会议三次全会上，胡锦涛同志又进一步强调在全党弘扬求真务实精神、大兴求真务实之风。

总之，高度重视作风建设是中国共产党的优良传统之一，必须认真总结，并结合新形势加以发扬光大。党的十八大以来，习近平总书记多次论述党的作风建设。据统计，截至2015年12月，以习近平同志为核心的党中央召开了43次会议（16次中央政治局会议、27次中央政治局常委会会议），对贯彻执行中央八项规定、加强作风建设进行专门部署研究；习近平总书记在不同阶段、不同场合，根据不同情况，围绕作风建设发表了一系列重要讲话，先后做出61次重要批示指示，并亲自抓落实；习近平总书记到地方考察调研28次，足迹遍布全国23个省区市和澳门特别行政区①。

习近平总书记指出，新形势下，我们党面临着许多严峻挑战，党内存在着许多亟待解决的问题。尤其是一些党员干部中发生的贪污腐败、脱离群众、形式主义、官僚主义等问题，必须下大气力解决。打铁还需自身硬②。全面从严治党，首先要把加强和改进党的作风建设放在十分突出的位置。改革开放以

① 激扬正气定乾坤——以习近平同志为总书记的党中央带头加强作风建设述评. 新华网，2016-01-10.

② 习近平. 在十八届中央政治局常委与中外记者见面会时的讲话. 人民日报，2012-11-16.

来，我们党带领全国各族人民，进行了建设中国特色社会主义的伟大实践，不仅使中国的面貌发生了历史性变化，也使我们党的创造力、凝聚力和战斗力得到增强。但是，改革开放也给党带来一系列新的考验。习近平同志指出，“如何在深化改革中结合新的实际继承和发扬党的优良传统和优良作风、保持党同人民群众的血肉联系，坚定广大党员、干部正确的理想信念”，“是我们党必须经受住的考验”[①]。这其中，领导干部特别是高级干部作风如何，对党风政风乃至整个社会风气的走向具有重要影响。“欲影正者端其表，欲下廉者先之身。”群众对干部总是要听其言、观其行的。因此，全党尤其是领导干部要增强紧迫感和责任感，牢牢把握党的建设总要求，坚定理想信念，保持同人民群众的血肉联系，保持党的肌体健康，不断提高党的领导水平和执政水平、提高拒腐防变和抵御风险能力，使我们党在坚持和发展中国特色社会主义的历史进程中始终成为坚强领导核心[②]。

二、作风建设的核心是保持党同人民群众的血肉联系

习近平总书记反复强调，作风问题的核心是党同人民群众的关系问题。

① 习近平. 改革开放30年党的建设回顾与思考. 贵阳文史，2008（6）.

② 中共中央文献研究室. 习近平总书记重要讲话文章选编. 北京：中央文献出版社，2016：15.

第一，保持党同人民群众的血肉联系是马克思主义的基本观点。历史唯物主义认为，人民群众是历史的创造者，人民群众的利益是最紧要和最具有决定性的因素；不断发展先进生产力和先进文化，最终都是为了实现最广大人民的根本利益。换言之，人民立场是中国共产党的根本政治立场，是马克思主义政党区别于其他政党的显著标志。党与人民风雨同舟、生死与共，始终保持血肉联系，是党战胜一切困难和风险的根本保证。因此，加强作风建设，必须坚持马克思主义群众观点、贯彻党的群众路线，把出发点和落脚点归结到实现好、维护好、发展好最广大人民根本利益上来，归结到为民务实清廉上来①。要使改进作风的过程成为贯彻执行党的理论和路线方针政策的过程，成为推动改革开放和社会主义现代化建设顺利进行的过程。

第二，保持党同人民群众的血肉联系是中国共产党 90 多年来加强作风建设的一贯要求。早在延安时期，毛泽东就提出，在夺取全国政权以后，要靠“民主”这条新路，跳出历代王朝“其兴也勃焉，其亡也忽焉”的历史周期律，让人民监督政府。新中国成立前夕，他又提出“进京赶考”，坚持“两个务必”，始终保持同人民群众的血肉联系。江泽民同志反复强调立党为公、执政为民的宗旨。胡锦涛同志进一步要求各级领导干部要坚持权为民所用、情为民所系、利为民所谋，要始终坚持立党为公、执政为民的执政理念，坚持党的群众路线，把

---

① 中共中央文献研究室. 习近平总书记重要讲话文章选编. 北京：中央文献出版社，2016：152.

实现人民的长远利益和当前利益结合起来。习近平总书记在庆祝中国共产党成立 95 周年的讲话中总结道："我们党已经走过了 95 年的历程，但我们要永远保持建党时中国共产党人的奋斗精神，永远保持对人民的赤子之心。""坚持不忘初心、继续前进，就要坚信党的根基在人民、党的力量在人民，坚持一切为了人民、一切依靠人民，充分发挥广大人民群众积极性、主动性、创造性，不断把为人民造福事业推向前进。"[①]

第三，保持党同人民群众的血肉联系是党的根本工作路线的必然要求。一切为了群众，一切依靠群众，从群众中来，到群众中去，是中国共产党的根本工作路线，也反映着党的宗旨。而进入新世纪以来，党内一度愈演愈烈的形式主义、官僚主义、享乐主义和奢靡之风，严重违背了我们党的性质和宗旨，成为群众深恶痛绝、反映最强烈的问题。为此，按照党的十八大部署，党员干部分期分批开展了群众路线教育实践活动。2015 年 1 月 12 日，习近平总书记在中共中央党校县委书记研修班座谈会上发表讲话，希望党的干部干事创业一定要树立正确政绩观，做到"民之所好好之，民之所恶恶之"，求真务实、真抓实干；要把调查研究作为基本功，坚持从实际出发谋划事业和工作，使想出来的点子、举措、方案符合实际情况；县委书记对一方党风政风具有示范作用，要按照中央要求，继续把作风建设抓好、把群众路线教育实践活动成果巩固好，做到勤政、务实、为民，自觉抵制和纠正"四风"问题[②]。

---

① 习近平. 在庆祝中国共产党成立 95 周年大会上的讲话. 人民日报，2016-07-02.

② 中共中央文献研究室. 习近平总书记重要讲话文章选编. 北京：中央文献出版社，2016：244.

三、作风问题本质上是党性问题

作风建设重点在思想上正本清源。每一名党员干部都要拧紧世界观、人生观、价值观这个“总开关”，做到心中有党、心中有民、心中有责、心中有戒，把为党和人民事业无私奉献作为人生的最高追求。

第一，把坚定理想信念、筑牢思想防线放在首要位置。习近平总书记指出：抓作风建设，首先要坚定理想信念，牢记党的性质和宗旨，牢记党对干部的要求。作为党的干部，就是要讲大公无私、公私分明、先公后私、公而忘私，只有一心为公、事事出于公心，才能坦荡做人、谨慎用权，才能光明正大、堂堂正正。作风问题都与公私问题有联系，都与公款、公权有关系。公款姓公，一分一厘都不能乱花；公权为民，一丝一毫都不能私用。领导干部必须时刻清楚这一点，做到公私分明、克己奉公、严格自律①。习近平同志强调，作风问题本质上是党性问题。抓作风建设，就要返璞归真、固本培元，重点突出坚定理想信念、践行根本宗旨、加强道德修养。一是正确认识和处理人际关系，做到既有人情味又按原则办，特别是当个人感情同党性原则、私人关系同人民利益相抵触时，必须毫不犹豫站稳党性立场，坚定不移维护人民利益。二是下决心减

---

① 习近平．在第十八届中央纪律检查委员会第三次全体会议上的讲话．人民日报，2014-01-15.

少应酬，保持健康的工作方式和生活方式，多学习充电、消化政策，多下基层调查研究、掌握第一手情况，多系统思考和解决存在的突出问题，自觉远离那些庸俗的东西。三是实实在在做人做事，做到严以修身、严以用权、严以律己，谋事要实、创业要实、做人要实，堂堂正正、光明磊落，敢于担当责任，勇于直面矛盾，善于解决问题，不搞“假大空”。四是对一切腐蚀诱惑保持高度警惕，慎独慎初慎微，做到防微杜渐[①]。总之，只有理想信念坚定、思想认识到位才能奠定作风建设的坚实基础。

第二，作风问题上起决定作用的是党性。习近平总书记指出，作风问题，从根本上说是党性问题。改进作风要举一反三，透过作风看党性，在解决作风问题的基础上解决好党性问题。领导干部要把深入改进作风与加强党性修养结合起来，自觉讲诚信、懂规矩、守纪律，襟怀坦白、言行一致，心存敬畏、手握戒尺，对党忠诚老实，对群众忠诚老实，做到台上台下一种表现，任何时候、任何情况下都不越界、越轨[②]。衡量党性强弱的根本尺子是公、私二字。作为党的干部，就是要全心全意为人民服务，就是要诚心诚意为党和人民事业奋斗，就是要讲大公无私、公私分明。各级共产党员要不断加强自身修养，努力在组织生活中得到锻炼[③]。

第三，增强党内政治生活的原则性。党的十八大以来，党

---

① 中共中央文献研究室．习近平总书记重要讲话文章选编．北京：中央文献出版社，2016：244.

② 同①78.

③ 习近平论党的作风建设——十八大以来重要论述摘编．党建，2014（8）.

中央把严肃党内政治生活、净化党内政治生态摆在突出的位置来抓，严肃查处党员、干部违纪违法问题，坚定不移惩治腐败，完善党内法规制度，不断扎紧制度笼子。经过几年持续用力，党内政治生活出现了许多新气象。但同时，我们也要清醒认识到，解决党内政治生活、政治生态中出现的问题决非一朝一夕之功，必须锲而不舍把这项党的建设基础工程抓紧抓实抓好。严肃党内政治生活是一篇大文章，其中最重要的是围绕坚持党的政治路线、思想路线、组织路线、工作路线，坚持和完善民主集中制、严格党的组织生活等重点内容，集中解决好突出问题。2016 年 6 月 28 日，习近平总书记在中共中央政治局第三十三次集体学习时指出：要激浊扬清，坚持激浊和扬清两手抓，让党内正能量充沛，让歪风邪气无所遁形，铲除腐败这个最致命的“污染源”，深入推进作风建设，坚持正确用人导向，真正让那些忠诚、干净、担当的干部得到褒奖和重用，让那些阳奉阴违、阿谀逢迎、弄虚作假、不干实事、会跑会要的干部没市场、受惩戒，倡导清清爽爽的同志关系，规规矩矩的上下级关系。要立规明矩，把纪律规矩立起来、严起来，使各项纪律规矩真正成为“带电的高压线”，防止出现“破窗效应”。要以上率下，从中央政治局常委会、中央政治局、中央委员会做起，从各地区各部门党委（党组）做起，从高级干部做起，对党绝对忠诚，模范遵守党章，严格按党的制度和规矩办事，夙兴夜寐为党和人民工作，任何时候都不搞特权，都不破坏党的制度和规矩①。

第四，开展批评和自我批评。批评和自我批评是我们党的

① 习近平．在中共中央政治局第三十三次集体学习时的讲话．人民日报，2016-06-30.

优良传统，是自毛泽东以来党的历代领导人均反复强调的作风建设内容。习近平总书记在群众路线教育实践活动中指出，要把批评和自我批评摆在重要位置，把开门搞活动作为重要方法，把严格执行纪律作为重要措施；着力解决突出问题，坚持标本兼治，既认真解决“四风”方面的问题，又注重通过强化理想信念、规范工作程序、完善体制机制抑制不正之风；着力保证活动健康发展，切实做到不虚、不空、不偏①。他强调，要本着对自己、对同志、对班子、对党高度负责的精神，大胆使用、经常使用批评和自我批评这个武器，敢于揭短亮丑、真刀真枪、见筋见骨，不断清除党内各种政治灰尘和政治微生物，使广大党员干部思想受到洗礼，灵魂受到触动②。

四、领导干部率先垂范，健全加强作风建设的长效机制

习近平总书记提出，抓作风建设，首先要从中央政治局做起，要求别人做到的自己先要做到，要求别人不做的自己坚决不做。党的十八大以来，中央政治局逐条逐项、不折不扣落实中央八项规定，率先垂范、以上率下、身体力行，用“讲认真”的精神、“有担当”的行动，带头转变工作作风，形成了巨大的“头雁效应”。习近平总书记要求中央政治局的同志必

① 习近平．在河北省级班子党的群众路线教育实践活动座谈会上的讲话．人民日报，2013-07-13.

② 习近平论党的作风建设——十八大以来重要论述摘编．党建，2014（8）．

须有天下为公的宽阔胸襟，摒弃任何私心杂念，把为全中国人民谋利益作为自己唯一的追求，为党的事业和人民利益鞠躬尽瘁。要带头树立正确的权力观、地位观、利益观，坚持自重、自省、自警、自励，严格遵守党纪国法，严格按制度和程序办事，严格管理自己的亲属和身边工作人员，不搞以权谋私，不搞特殊化，为全党同志树立爱党爱民、勤政敬业、廉洁奉公的榜样①。

习近平总书记强调，各级领导干部都要树立和发扬好的作风，严以修身、严以用权、严以律己，谋事要实、创业要实、做人要实②。严以修身，就是要加强党性修养，坚定理想信念，提升道德境界，追求高尚情操，自觉远离低级趣味，自觉抵制歪风邪气。严以用权，就是要坚持用权为民，按规则、按制度行使权力，把权力关进制度的笼子里，任何时候都不搞特权、不以权谋私。严以律己，就是要心存敬畏、手握戒尺，慎独慎微、勤于自省，遵守党纪国法，做到为政清廉。谋事要实，就是要从实际出发谋划事业和工作，使点子、政策、方案符合实际情况、符合客观规律、符合科学精神，不好高骛远，不脱离实际。创业要实，就是要脚踏实地、真抓实干，敢于担当责任，勇于直面矛盾，善于解决问题，努力创造经得起实践、人民、历史检验的实绩。做人要实，就是要对党、对组织、对人民、对同志忠诚老实，做老实人、说老实话、干老实事，襟怀坦白，公道正派。习近平总书记希望全体党员干部，“要发扬钉钉子精神，保持力度、保持韧劲，善始善终、善作善成，不

---

① 习近平．在中共中央政治局专门会议上的讲话．人民日报，2013-06-26.

② 习近平．在参加十二届全国人大二次会议安徽代表团审议时的讲话．人民日报，2014-03-10.

断取得作风建设新成效”[①]。

对党员干部进行思想教育是作风建设的基础。要用马克思列宁主义、毛泽东思想、中国特色社会主义理论体系武装全党，提高广大党员干部的思想政治素质，使他们在思想上构筑起牢固的防线，自觉抵御各种不良风气的侵蚀。同时，改革和完善教育的内容和方法，建立健全思想教育监督机制，把思想教育落到实处。

中共十八大以来，党中央不断创新党风建设的内容与形式，先后开展了群众路线教育实践活动、“三严三实”专题教育活动、“两学一做”学习教育活动等，体现了以领导干部为重点、党员干部全覆盖、作风建设永远在路上的指导思想。

从 2013 年到 2014 年，以为民务实清廉为主要内容，聚焦作风建设，开展了群众路线教育实践活动，着力解决形式主义、官僚主义、享乐主义和奢靡之风，取得重大成果。活动期间，习近平总书记不断发表讲话、谈话、批示，提出一系列重要思想，指出加强和改进作风建设是保持党同人民群众血肉联系的有效途径，必须聚焦解决群众反映强烈的突出问题，以作风建设新成效汇聚起推动改革发展的正能量；抓作风建设最重要的是讲认真，各级党组织要弘扬认真精神，坚持高起点开局、高标准开展、高质量推进，尤其要在坚持抓严、认真抓实、切实抓长上下功夫，真正做到让党员、干部思想上受教育、作风上有转变，让广大群众感到变化、感到满意；全党同

① 习近平．在参加十二届全国人大二次会议安徽代表团审议时的讲话．人民日报，2014-03-10．

志特别是领导干部一定要讲修养、讲道德、讲廉耻，追求积极向上的生活情趣，养成共产党人的高风亮节，做到富贵不能淫、贫贱不能移、威武不能屈。2014 年 8 月 27 日，习近平总书记在听取兰考县委和河南省委党的群众路线教育实践活动情况汇报时指出：做好党的群众路线教育实践活动，一定要敬终如始、一鼓作气、善作善成，确保活动取得实效。教育实践活动有期限，加强作风建设无尽期。解决作风方面存在的问题，根本要靠坚持不懈抓常、抓细、抓长。同年 10 月 8 日，习近平总书记在党的群众路线教育实践活动总结大会发表讲话，指出全党改进作风有了一个良好开端，但取得的成果还是初步的，基础还不稳固。这一次党的群众路线教育实践活动基本结束了，但贯彻党的群众路线、保持党同人民群众的血肉联系的历史进程永远不会结束。活动收尾绝不是作风建设收场，必须以锲而不舍、驰而不息的决心和毅力，把作风建设不断引向深入，使作风建设要求真正落地生根。

2015 年，按照党中央的统一部署，县处级以上领导干部中开展了以“严以修身、严以用权、严以律己，谋事要实、创业要实、做人要实”为主要内容的“三严三实”专题教育，这是对党的群众路线教育实践活动成果的巩固和拓展。是年 6 月 30 日，习近平总书记在会见全国优秀县委书记时的讲话中指出：“羊群走路靠头羊。”带头人关键是“带头”二字。希望大家带头讲党性、重品行、做表率，带头搞好“三严三实”专题教育，带头抓班子带队伍，带头依法办事，带头廉洁自律，带头接受党和人民监督，带头清清白白做人、干干净净做事、堂堂正正做官，真正做到事事带头、时时带头、处处带头，真正做到率先垂范、以上率下[①]。同年 7 月 1 日，在中央全面深化改革领导小组第十四次会议上习近平总书记提出：领导干部是否做到了“三严三实”，全面深化改革是一个重要检验。要把“三严三实”要求贯穿改革全过程，引导广大党员、干部特别是领导干部大力弘扬实事求是、求真务实精神，理解改革要实，谋划改革要实，落实改革也要实，既当改革的促进派，又当改革的实干家[②]。9 月 11 日，在中共中央政治局第二十六次集体学习时的讲话中他再次强调：中央政治局每位同志都要以身作则，为全党做好示范。“三严三实”是我们天天要面对的要求，大家要时时铭记、事事坚持、处处上心，随时准备坚持真理、随时准备修正错误，凡是有利于党和人民事业的，就坚决干、加油干、一刻不停歇地干；凡是不利于党和人民事业的，就坚决改、彻底改、一刻不耽误地改[③]。

2016 年，党中央决定在全体党员中开展“学党章党规、学习近平总书记系列讲话，做合格党员”的学习教育活动，以进一步解决党员队伍在思想、组织、作风、纪律等方面存在的问题，推动全面从严治党向基层延伸。就此，习近平总书记指出，“两学一做”是加强党的思想政治建设的一项重大部署，是协调推进“四个全面”战略布局特别是推动全面从严治党向基层延伸的有力抓手，基础在学，关键在做，各级党组织要履行抓好“两学一做”学习教育的主体责任，坚持区分层次，突

---

① 习近平．在会见全国优秀县委书记时的讲话．人民日报，2015-07-01.

② 习近平．在主持中央全面深化改革领导小组第十四次会议上的讲话．人民日报，2015-07-02.

③ 习近平．在中共中央政治局第二十六次集体学习时的讲话．人民日报，2015-09-13.

出问题导向，确保取得实际成效[①]。进入 2017 年，根据党中央的部署，“两学一做”正在步入常态化制度化的轨道。

党的十八大以来，以习近平同志为核心的党中央在党风建设方面既着力治标又注重治本，而治本的关键在于建立健全作风建设的长效机制。习近平总书记指出：要注重从制度机制上解决问题，树立制度的严肃性和权威性，实现抓作风建设制度化、常态化[②]；要建立健全管用的体制机制，自觉接受群众评议和社会监督，要有踏石留印、抓铁有痕的劲头，一个节点一个节点抓，积小胜为大胜，保持力度、保持韧劲，善始善终、善作善成[③]；作风建设已经采取的措施、形成的机制要扎根落地，已经取得的成效要巩固发展，关键是要在抓常、抓细、抓长上下功夫。抓常，就是要把作风建设时刻摆上位置、有机融入日常工作，做到管事就管人，管人就管思想、管作风。推动各项工作，都要落实作风建设具体要求，形成抓作风促工作、抓工作强作风良性循环。抓细，就是要对干部群众特别是基层群众反映的作风问题一一回应、具体解决。要透过现象看本质，在解决个别具体问题的同时，着力解决面上的普遍性问题。抓长，就是要反复抓，不能三天打鱼两天晒网，集中抓的时候雷霆万钧，平时放任自流。要认真落实作风建设各项制度，做到有章必循、违规必究。一言以蔽之，作风建设要在坚持中见常态，向制度建设要长效。

---

① 习近平. 在“两学一做”学习教育工作座谈会上的讲话. 人民日报，2016-04-07.

② 习近平. 在视察济南军区部队时的讲话. 人民日报，2013-11-30.

③ 习近平论党的作风建设——十八大以来重要论述摘编. 党建，2014 (8).

第五章

坚持以零容忍态度惩治腐败

党的十八大以来，以习近平同志为核心在党中央高度重视党风廉政建设和反腐败斗争，提出了一系列新思想新理念，实施了一系列新举措，坚持以零容忍的态度惩治腐败，健全反腐败体制机制，坚定党员理想信念，着力营造不敢腐、不能腐、不想腐的政治氛围，推动党风廉政建设和反腐败斗争取得重大成效。

一、“腐败问题对我们党的伤害最大”

新中国成立前夕，毛泽东在党的七届二中全会上，就曾告诫全党务必保持谦虚谨慎、艰苦奋斗的作风，不要在“资产阶级糖衣炮弹”面前打败仗。新中国成立初期，我们党严肃查处了刘青山、张子善腐化堕落案件，教育了广大干部，在人民群众中树立了共产党人清正廉洁、执法如山的形象。一方面，改革开放 30 多年来，以邓小平同志为核心的党的第二代中央领导集体、以江泽民同志为核心的党的第三代中央领导集体、以胡锦涛同志为总书记的党中央始终把党风廉政建设和反腐败斗争作为重要任务来抓，旗帜是鲜明的，措施是有力的，成效是明显的，为保持和发展党的先进性和纯洁性发挥了重大作用，为党领导改革开放和社会主义现代化建设提供了有力保证。可以说，如果我们党不是一以贯之高度重视党风廉政建设、坚决反对腐败，我国经济社会发展不可能取得这么大的成就，改革发展稳定大局也不可能得到巩固[①]。但是，另一方面，随着市

---

① 中共中央纪律检查委员会，中共中央文献研究室．习近平关于党风廉政建设和反腐败斗争论述摘编．北京：中央文献出版社，2015：4-5.

场经济的发展，自20世纪90年代以来，腐败渐呈多发高发甚至蔓延态势，严重影响着党的作风、党的形象，腐蚀着党执政的基础，就此，习近平总书记指出：“腐败问题对我们党的伤害最大，严惩腐败分子是党心民心所向，党内决不允许有腐败分子藏身之地。这是保持党同人民群众血肉联系的必然要求，也是巩固党的执政基础和执政地位的必然要求。”①

首先，腐败是执政党面临的最大威胁。腐败作为社会不公现象，势必会引起人民群众的憎恶和反感；腐败直接侵蚀党组织的先进性和纯洁性。因此，腐败是中国共产党执政必然面对和必须解决的重大问题。邓小平曾指出：“整个改革开放过程中都要反对腐败。”② 换言之，严重的腐败问题若不加以解决，必将阻碍改革开放的进程，从而阻碍中国特色社会主义伟大事业进程，进而威胁到党的执政地位。近些年来，党内屡屡发生的贪污腐败案件，性质非常恶劣，政治影响极坏，严重破坏了党内风气。就此，习近平总书记指出：“腐败是社会毒瘤。如果任凭腐败问题愈演愈烈，最终必然亡党亡国。”③ 物必先腐，而后虫生。世界上许多国家由于执政党腐化不堪而导致民怨载道、政权垮台，中国历史上也有众多统治集团因为统治机构内部腐败而导致政权瓦解、改朝换代。

腐败意味着党组织内某些党员利用公共权力谋取私利，是权力的滥用，是私人或小团体获取个人非法利益的体现。它严

---

① 中共中央纪律检查委员会，中共中央文献研究室．习近平关于党风廉政建设和反腐败斗争论述摘编．北京：中央文献出版社，2015：7.

② 邓小平．邓小平文选：第3卷．北京：人民出版社，1993：327.

③ 同①5.

重背离社会主义和共产党人的宗旨和追求，危及党和国家工作的大局，损害人民利益，丧失党和政府的公信力，是让执政党变质的毒药。人民群众最痛恨掌权者玩弄权力、腐败堕落。严惩腐败分子是民心所向。习近平总书记指出："一个政党，一个政权，其前途和命运最终取决于人心向背。我们必须下最大气力解决好消极腐败问题，确保党始终同人民心连心、同呼吸、共命运。"① 权力是人民赋予的，是用来为人民服务的，党只有保持同人民群众的血肉联系，坚决反对腐败、建设廉洁政治，才能不断推动党和人民事业走向胜利。

党风政风关乎民风，腐败对社会风气的侵蚀与破坏不言而喻。所谓"官德毁，而民德降"，一个充满腐败的社会必然会导致社会道德水准的降低，社会风气、政治氛围会日趋污浊。腐败日趋严重，必然会破坏社会稳定，因为腐败的实质是少数掌权者对大多数无权者利益的非法侵占。社会因为腐败问题失去了基本的均衡，人民与政府以及不同阶层之间的矛盾就会凸显，于是社会危机就不可避免，那些无权者在追求自己正当利益时必然会打破现有的社会格局，甚至推翻现政权去寻求相对稳定和公平的社会政治环境。

总之，腐败对党和人民造成的危害极其巨大，坚决反对腐败是党中央必须抓好的重大政治任务。

其次，反腐败斗争形势严峻、任务艰巨。2013 年 1 月 22 日，习近平总书记明确表示："我们党员干部队伍的主流始终

---

① 中共中央纪律检查委员会，中共中央文献研究室. 习近平关于党风廉政建设和反腐败斗争论述摘编. 北京：中央文献出版社，2015：6-7.

是好的。同时，我们也要清醒地看到，当前一些领域消极腐败现象仍然易发多发，一些重大违纪违法案件影响恶劣，反腐败斗争形势依然严峻，人民群众还有许多不满意的地方。党风廉政建设和反腐败斗争是一项长期的、复杂的、艰巨的任务，不可能毕其功于一役。”[①] 同年 11 月 9 日，他再次指出：“当前腐败现象多发，滋生腐败的土壤存在，党风廉政建设和反腐败斗争形势依然严峻复杂，必须加大惩治腐败力度，更加科学有效地防治腐败。”[②] 2014 年 10 月 23 日，习近平总书记指出：“一些领域腐败现象易发多发，一些腐败分子一意孤行，仍然没有收手，甚至变本加厉。从已经查处的案件和掌握的问题线索来看，一些腐败分子贪腐胃口之大、数额之巨、时间之长、情节之恶劣，令人触目惊心！有的地方甚至出现了‘塌方式腐败’！”[③] 2015 年 6 月 26 日，习近平总书记总结道：“党的十八大以来，我们党顺应党心民意，坚持党要管党、从严治党，以猛药去疴、重典治乱的决心，以刮骨疗毒、壮士断腕的勇气，深入推进党风廉政建设和反腐败斗争，党风廉政建设和反腐败斗争取得了新的重大成效，党风政风为之一新，党心民心为之一振。同时，我们也要看到，这些成效是阶段性的。”[④] 这体现在，一些腐败现象仍然不断发生，党员干部精神懈怠、脱离群众的现象仍然存在，一些重大违法违纪行为相当恶劣。相当多

---

① 中共中央纪律检查委员会，中共中央文献研究室．习近平关于党风廉政建设和反腐败斗争论述摘编．北京：中央文献出版社，2015：13.

② 同①17.

③ 同①25.

④ 习近平．在十八届中央政治局第二十四次集体学习时的讲话．人民日报，2015-06-28.

地区存在廉政主体责任不落实、监管责任不到位的问题，一些执法监管部门乱收费、乱罚款，吃拿卡要，甚至滥用职权；区域性腐败易发多发，窝案串案增多，腐败官员由一人涉及多人，成“窝案化”特点，由基层小官到政府高官，贪官甚多；用人腐败和用权腐败交织，权权、权钱交易频发，一些地方和单位的干部买官卖官，搞权力寻租、借权营生，官员上下勾连交织，搞利益输送，办关系案、人情案、金钱案，心里无视法律，行为没有底线；有的甚至公然妨碍上级审查，对抗组织；有的腐败分子逃到国外买豪车豪宅，挥霍金钱，逃避惩处；等等。这些问题印证了反腐败斗争的任务依然艰巨。习近平总书记认为，党的十八大以后，我们党面临的反腐败斗争形势依然复杂严峻，“主要是在实现不敢腐、不能腐、不想腐上还没有取得压倒性胜利，腐败活动减少了但并没有绝迹，反腐败体制机制建立了但还不够完善，思想教育加强了但思想防线还没有筑牢，减少腐败存量、遏制腐败增量、重构政治生态的工作艰巨繁重”①。开弓没有回头箭，反腐没有休止符，党必须以抓铁有痕、踏石留印的精神继续进行反腐败斗争。“不反腐败确实要亡党，真反腐败不仅不会亡党，而且能增强党自我净化、自我完善、自我革新、自我提高能力，保持党同人民群众的血肉联系，使我们党更加坚强、更有力量。”②

---

① 习近平．在第十八届中央纪律检查委员会第五次全体会议上的讲话．人民日报，2015-01-14.

② 中共中央纪律检查委员会，中共中央文献研究室．习近平关于党风廉政建设和反腐败斗争论述摘编．北京：中央文献出版社，2015：26.

二、坚决打赢反腐败这场正义之战

党的十八大以来，以习近平同志为核心的党中央坚持以零容忍的态度惩治腐败，严厉打击腐败分子，彰显反腐倡廉决心；坚持把权力关进制度的笼子里，健全规章制度，狠抓制度执行，依法惩治腐败；积极发挥巡视的反腐作用，发现问题，抽查核实，形成震慑，遏制腐败现象；同时坚持反腐倡廉教育和廉政文化建设，从思想上铸就不想腐的道德防线，从而营造良好的政治生态。习近平总书记要求："全党同志一定要不忘初心、继续前进，永远保持谦虚、谨慎、不骄、不躁的作风，永远保持艰苦奋斗的作风，勇于变革、勇于创新，永不僵化、永不停滞，继续在这场历史性考试中经受考验，努力向历史、向人民交出新的更加优异的答卷！"①

第一，以零容忍的态度惩治腐败。2012 年 11 月 15 日，习近平总书记指出："要深入抓好反腐倡廉工作，坚持有案必查、有腐必惩，任何人触犯了党纪国法都要依纪依法严肃查处，决不姑息，党内决不允许腐败分子有藏身之地。"② 2013 年 1 月 22 日，在第十八届中央纪律检查委员会第二次全体会议上习近平总书记发表讲话，提出："反腐倡廉必须常抓不懈，拒腐防变必须警钟长鸣，关键就在'常'、'长'二字，一个是要经常

---

① 习近平．在庆祝中国共产党成立 95 周年大会上的讲话．人民日报，2016-07-02.

② 中共中央纪律检查委员会，中共中央文献研究室．习近平关于党风廉政建设和反腐败斗争论述摘编．北京：中央文献出版社，2015：93.

抓，一个是要长期抓。我们要坚定决心，有腐必反、有贪必肃，不断铲除腐败现象滋生蔓延的土壤，以实际成效取信于民。”[①] 翌年1月14日，在第十八届中央纪律检查委员会第三次全体会议上习近平总书记继续强调：“对腐败分子，发现一个就要坚决查处一个。要抓早抓小，有病就马上治，发现问题就及时处理，不能养痈遗患。要让每一个干部牢记‘手莫伸，伸手必被捉’的道理。”[②] 2015年1月13日，习近平总书记在第十八届中央纪律检查委员会第五次全体会议上指出：“保持高压态势不放松，查处腐败问题，必须坚持零容忍的态度不变、猛药去疴的决心不减、刮骨疗毒的勇气不泄、严厉惩处的尺度不松，发现一起查处一起，发现多少查处多少，把反腐利剑举起来，形成强大震慑。”[③] 2016年7月1日，在庆祝中国共产党成立95周年大会上的讲话中，习近平总书记指出：“我们党作为执政党，面临的最大威胁就是腐败。党的十八大以来，我们党坚持‘老虎’、‘苍蝇’一起打，使不敢腐的震慑作用得到发挥，不能腐、不想腐的效应初步显现，反腐败斗争压倒性态势正在形成……我们要以顽强的意志品质，坚持零容忍的态度不变，做到有案必查、有腐必惩，让腐败分子在党内没有任何藏身之地！”[④] 2016年1月，在第十八届中央纪律检查委员会第六次全体会议上，在反腐败斗争取得阶段性成果、反腐败高压态势已

---

① 习近平．在第十八届中央纪律检查委员会第二次全体会议上的讲话．人民日报，2013-01-23.

② 习近平．在第十八届中央纪律检查委员会第三次全体会议上的讲话．人民日报，2014-01-15.

③ 习近平．在第十八届中央纪律检查委员会第五次全体会议上的讲话．人民日报，2015-01-14.

④ 习近平．在庆祝中国共产党成立95周年大会上的讲话．人民日报，2016-07-02.

经形成的背景下，习近平总书记特别指出，要做到惩治腐败力度决不减弱、零容忍态度决不改变，坚决打赢反腐败这场正义之战[①]。

坚定不移地反腐败，一定要抓好惩治这一手，坚决严肃查处“大老虎”的违法乱纪行为，认真解决围绕在群众身边、损害群众利益的“苍蝇”，坚持党纪国法面前一律平等、没有例外，对违规违纪逾越“底线”“红线”的腐败分子，无论权势大小、问题大小，都坚决严肃追究责任，严厉惩处。党的十八大以来，党中央一直坚持以零容忍的态度进行反腐败工作。据统计，党的十八大迄今，依法查处的部级以上干部已接近200名。对基层贪腐以及办事不公等问题，中央也进行了严肃查处，有力维护了群众切身利益。以习近平同志为核心的党中央，以实际成果让群众切实感受到中央反腐倡廉的决心与气魄，给人民群众树立了反腐的榜样，极大地增强了党的威信，提升了人民群众对中国共产党执政的满意度。党中央坚持运用法治思维和法治方式惩治腐败，反对特权思想、特权现象，要求党员干部不仅要管好自己，而且要管好配偶、子女以及身边工作人员，决不允许以权谋私。中央坚决查办腐败案件，坚决惩治“封妻荫子”“一人得道，鸡犬升天”的腐败之道，坚持有贪必反，有腐必惩，形成了对腐败分子的高压态势。对于携款外逃的腐败分子，不管他们逃到哪里，不管他们逃走多久，都要将他们绳之以法；对于那些证据确凿、定性清晰的外逃分子，中央选择公开曝光，使其不能躲进“避罪天堂”，并且及时了解国际反腐败的最新动态，加强国际追逃追赃工作，

① 习近平在十八届中央纪委七次全会上发表重要讲话. 人民日报，2017-01-07.

对腐败分子形成了巨大震慑。

从中央到地方，从市县直属单位到乡镇社区基层组织，从31个省市区到新疆生产建设兵团等，从大领导到小村官再到军队官兵，从封疆大吏到退休常委，从领导干部到子女亲属，党中央坚持全覆盖查处腐败，从严整治。从矿产资源到土地资源，从惠民资金到科研经费，从房地产开发到工程项目，从国内到国外，从军队到企业，党中央坚持无禁区惩治腐败。习近平总书记希望："全党同志对党中央在反腐败斗争上的决心要有足够自信，对反腐败斗争取得的成绩要有足够自信，对反腐败斗争带来的正能量要有足够自信，对反腐败斗争的光明前景要有足够自信。"①

第二，把权力关进制度的笼子里。习近平总书记指出："没有健全的制度，权力没有关进制度的笼子里，腐败现象就控制不住……建章立制非常重要，要把笼子扎紧一点，牛栏关猫是关不住的，空隙太大，猫可以来去自如。"② 反腐倡廉的核心在于制约和监督权力，制度是拒腐防变的保证，从根本上防治腐败的关键是使权力运行制度化。我国古代很早就有监察、御史、弹劾、谏官等方面的制度，这对中央推进反腐倡廉制度建设具有借鉴意义。

一个时期以来腐败所以大有泛滥之势，一个重要原因是一些领域的体制机制还存在漏洞。就此，习近平总书记指出，从揭露出来的一些涉及领导干部的大案要案看，"其犯罪情节之恶劣、

① 习近平．在第十八届中央纪律检查委员会第六次全体会议上的讲话．人民日报，2016-01-13.

② 中共中央纪律检查委员会，中共中央文献研究室．习近平关于党风廉政建设和反腐败斗争论述摘编．北京：中央文献出版社，2015：125.

涉案金额之巨大，都是触目惊心的，搞权钱交易、权色交易简直到了利令智昏、胆大包天的地步！之所以会弄到这个地步，其中一个重要原因就是我们一些领域的体制机制还不健全”[①]。党的十八大以来，党中央高度重视对权力监督机制、制约机制的健全，在反腐倡廉建设中，中央坚持用制度管人管权管事，以此来加强对党员干部的监督和管理，促使广大党员干部清清白白做人、老老实实办事。中央积极深化体制机制改革，推行权力清单制度，依法公开权力运行流程、行政审批流程，防止滥用职权；完善政务公开制度、施政公开制度，保证领导干部用权公开透明，防止以权谋私，做到有权必有责；着力完善国有企业监管制度以及国有资产资源监管制度；健全和强化终身追责制度、党内通报制度、失误纠错改正机制及巡视等制度，不断完善反腐败的制度建设。

腐败现象滋生的另一重要原因是权力高度集中而缺乏民主，从这个意义上讲，健全民主集中制也是反腐制度建设的重要内容。长期以来，许多部门的一把手集各种权力于一身，财权、事权、任免权不分，凌驾于组织之上。绝对的权力必然导致绝对的腐败。因此，发扬民主、贯彻民主集中制原则便成为反对和预防腐败的必要之举。认真贯彻执行民主集中制，就是要各级党委（党组）坚持集体领导制度，健全常委会向全委会定期报告工作并接受监督制度，建立上级组织在做出同下级组织有关重要决策前征求下级组织意见的制度等。党委（党组）

① 中共中央纪律检查委员会，中共中央文献研究室．习近平关于党风廉政建设和反腐败斗争论述摘编．北京：中央文献出版社，2015：124.

主要负责同志必须发扬民主、善于集中、敢于担责，领导干部不准把分管工作、分管领域和地方当作“私人领地”，不准搞独断专行，不允许用个人主张代替党组织的主张、用个人决定代替党组织的决定。

制度的制定固然重要，但更重要的是制度的落实。习近平总书记强调：“法规制度的生命力在于执行。贯彻执行法规制度关键在真抓，靠的是严管。加强反腐倡廉法规制度建设，必须一手抓制度完善，一手抓贯彻执行。要强化法规制度意识，在全党开展法规制度宣传教育，引导广大党员、干部牢固树立法治意识、制度意识、纪律意识，形成尊崇制度、遵守制度、捍卫制度的良好氛围，坚持法规制度面前人人平等、遵守法规制度没有特权、执行法规制度没有例外。要加大贯彻执行力度，让铁规发力、让禁令生威，确保各项法规制度落地生根。”[①]

第三，用好巡视这把反腐“利剑”。习近平总书记指出：巡视组要当好中央的“千里眼”，找出“老虎”“苍蝇”，真正做到早发现、早报告，促进问题解决[②]；“巡视工作要明确职责定位，巡视内容不要太宽泛，要围绕党风廉政建设和反腐败斗争这个中心进行”[③]。

巡视就是要发现和反映问题。中央给了巡视组“尚方宝剑”，就是要其尽职履责，善于发现问题。进一步言之，要着力发现干部是否存在“四风”等问题，着力发现领导干部是否

① 习近平．在十八届中央政治局第二十四次集体学习时的讲话．人民日报，2015-06-28.

② 中共中央纪律检查委员会，中共中央文献研究室．习近平关于党风廉政建设和反腐败斗争论述摘编．北京：中央文献出版社，2015：108.

③ 同②107.

存在滥用职权、弄权贪腐等违纪违法问题，着力发现领导干部是否存在泄露党和国家秘密、传播政治谣言、参加各种非法活动等违反政治纪律的问题，着力发现是否存在不正当程序任职、寻求政治靠山等违规选人用人的腐败行为。巡视中发现了违法违纪的问题要及时跟进，向上级反映、反馈意见，真正做到早发现、早报告，发挥遏制作用，推动问题解决。就此，习近平总书记指出，中央巡视工作领导小组要切实加强对省区市巡视工作的领导，层层传导压力。同时，要发挥巡视遏制作用，凡是涉及腐败问题的，绝不姑息，一查到底！要分类处理，涉及一般性问题的，要通过反馈、谈话、教育、警示、诫勉，咬咬耳朵，扯扯袖子，抓早抓小。对一些反映不实的，给予澄清、解脱，要保护干部。

党的十八大以后，中央为保证巡视工作的顺利进行，不断改进巡视制度，创新巡视形式，科学化巡视方法。首先，明确方向，坚持问题导向，有针对性地开展巡视。为此，中央提出新的工作方针，即着力于反腐倡廉。一发现违纪违法、违反八项规定的、涉及“四风”问题的人员一律严惩不贷，真正做到早发现、早治疗，防止腐败的蔓延。其次，建立健全巡视机构与人员管理制度，对于巡视主体进行不定期调换。因为每次巡视的地方不同，对于巡视组组长或组员与巡视对象是否有关系不可知，故采取巡视组长和组员不固定的方法，以避免拉关系、走后门的可能性，并且一次一授权，即每次参与巡视的人员都需要重新授权。再次，提高巡视频率和质量，创新巡视形式，开展专项巡视，不定期、无规律、有重点的开展，时刻关注问题动态，掌握问题线索，进行精准打击，切实发挥专项巡视的威力。最后，通过“回头看”了解巡视效果。通过巡视回访，了解巡视之后地方或单位工作发生的变化，特别是有问题的单位落实整改情况，防止有问题不解决、有责任不落实，同时也对其整改情况起到督促作用。此外，通过回访还可以发现新的问题，对于那些继续顶风作案的人来说，杀个“回马枪”，出其不意，发挥震慑和惩戒作用。

第四，加强反腐倡廉教育和廉政文化建设。习近平总书记指出：一个人能否廉洁自律，最大的诱惑是自己，最难战胜的敌人也是自己。一个人战胜不了自己，制度设计得再缜密，也会“法令滋彰，盗贼多有”。他希望同志们“吾日三省吾身”，做到严以修身、严以用权、严以律己，谋事要实、创业要实、做人要实。古人所推崇的修身齐家治国平天下，修身是第一位的。“我们共产党人更应该强化自我修炼、自我约束、自我塑造，在廉洁自律上作出表率。”① 要教育引导广大党员、干部把践行中国特色社会主义共同理想和坚定共产主义远大理想统一起来，做到虔诚而执着、至信而深厚。经受住各种风险和困难考验，自觉抵御各种腐朽思想的侵蚀，永葆共产党人政治本色②。

习近平总书记认为，道德高尚是清正廉洁的基础。从思想道德抓起，才能使各级领导干部形成不想腐的道德防线。党员干部的道德修养、思想水平、政治觉悟等不会因为党龄的增加

① 中共中央纪律检查委员会，中共中央文献研究室．习近平关于党风廉政建设和反腐败斗争论述摘编．北京：中央文献出版社，2015：145.

② 同①138.

而提高，也不会因为职务的升迁而提升，而是需要每个人不断地自我修炼，持之以恒。习近平总书记指出："成为好干部，就要不断改造主观世界、加强党性修养、加强品格陶冶。要时刻用党章、用共产党员标准要求自己，要有'与人不求备，检身若不及'的精神，时刻自重自省自警自励，努力做到'心不动于微利之诱，目不眩于五色之惑'，老老实实做人，踏踏实实干事，清清白白为官。"① 因此，必须大力加强反腐倡廉教育和廉政文化建设。广大党员干部只有具备了廉政文化素养和廉政意识，才能保证政治态度明确、思想意识清醒、行动态度坚定，才能真正抵制住各种诱惑，保持清正廉洁。换言之，进行反腐倡廉建设必须要抓好思想理论建设、抓好党性教育和党性修养，教育引导广大党员牢固树立正确的世界观、人生观、价值观、权力观，经受住种种诱惑与考验，自觉抵御腐朽思想的侵蚀，积极践行社会主义核心价值观，引领道德风尚，始终站稳政治立场，保持共产党人的高尚品格和廉洁操守。

党的十八大以来，以习近平同志为核心的党中央深入开展反腐倡廉教育，以领导干部为重点，以理想信念、廉洁从政教育为主要内容，不断创新教育形式，推动廉政文化走向基层、走向军队、走向企业，努力推动在全社会形成廉洁自律的良好风尚，努力促使每一个党员干部都能做到自觉、自省，信念坚定、作风优良、廉洁自律。例如，加强反腐倡廉网络宣传教育，开设反腐倡廉网页、专栏，正确引导网上舆论；通过群众路线教育实践活动、"三严三实"专题教育活动、"两学一做"

---

① 习近平．在全国组织工作会议上的讲话．人民日报，2013-06-30．

等活动，引导广大党员、干部坚定理想信念、筑牢思想防线，时刻用共产党人的标准要求自己，清清白白为官；大力弘扬中华优秀传统文化内涵的高尚的价值追求、精神品格，促使广大党员干部自觉抵制歪风邪气，弘扬正气，传播正能量；等等。

三、推进反腐败体制机制创新

反腐倡廉建设是一项长期的、艰巨的任务，也是全党全社会共同的政治任务。要将反腐败工作进行到底，就必须坚持中国共产党的领导，依靠人民群众，调动各方面的积极性和主动性，积极推进反腐败工作的体制机制建设，不断健全反腐倡廉工作的体制机制，这样才能让腐败分子落入法网，受到严惩。实践证明，反腐只有根本依托制度，强化监督机制，完善惩戒机制，加强防范机制，健全保障机制，“形成不敢腐的惩戒机制、不能腐的防范机制、不易腐的保障机制”[①]，才能将反腐倡廉工作的各项任务落到实处，中国共产党才能在制度反腐的建设中取得重大成效。

第一，强化监督机制。不受监督的权力必然会导致腐败，所有公职人员必须在人民与法律的监督之下才能廉洁奉公。习近平总书记指出：“只有让人民监督权力、让权力在阳光下运行，做到依法行政，才能更好把政府职能转变过来。要推进法

① 习近平．在第十八届中央纪律检查委员会第二次全体会议上的讲话．人民日报，2013-01-23.

治政府建设，坚持用制度管权管事管人，完善政务公开制度，做到有权必有责、用权受监督、违法要追究。”①

健全和强化监督机制，必须着力健全党内监督制度，尤其要加强对“一把手”的监督，抓好关键少数，保证领导干部带头守法、清正廉洁；全力推行信息公开制、社会听证制度，使权力的行使公开透明；健全申诉控告检举机制，拓宽民主监督渠道；完善法律体系，坚持依法执政，坚持在法律的范围内执法用法，接受法律的监督；建立有效的舆论监督机制，将腐败丑闻及时公之于世；落实巡视制度，加强对主体责任、监督责任情况的监督检查；增强权力的监督效果，保证监督权的独立性与权威性，切实做到以权力监督权力。在这里，各级纪委的作用十分重要，各级纪委要聚焦党风廉政建设和反腐败斗争这个中心任务，履行好监督责任，督促检查相关部门切实抓好反腐败工作。就此，习近平总书记指出：“各级纪委要以更高的标准、更严的纪律要求纪检监察干部，保持队伍纯洁，努力建设一支忠诚、干净、担当的纪检监察队伍。”②

第二，完善惩戒机制。不断健全惩治腐败体系是反腐败国家战略和顶层设计，在反腐败斗争中，惩戒机制的作用就在于运用法律手段针对发现的腐败现象和问题，不论大小，不区分对待，一视同仁地严肃处理，任何人都不能逃脱于法律之外，任何有损国家和人民利益的行为都必将受到法律的严惩。

---

① 中共中央纪律检查委员会，中共中央文献研究室．习近平关于党风廉政建设和反腐败斗争论述摘编．北京：中央文献出版社，2015：123.

② 习近平．在第十八届中央纪律检查委员会第六次全体会议上的讲话．人民日报，2016-01-13.

党的十八大以来，习近平总书记反复强调，要依法惩处腐败，完善贪污腐败的惩戒机制，加强反腐倡廉党内法规制度建设，为反腐倡廉建设的根本方向提供重要保障，提高反腐败法律制度执行力，让法律制度刚性运行。惩戒机制是反腐败最有效的手段，也是解决腐败的根本方式，通过对贪污腐败的严格处置以儆效尤，让想腐败的人迷途知返、闻风丧胆，这样才可以取得反腐倡廉的成效。在追逃和惩治贪官方面，2013 年 1 月 16 日，最高人民检察院通过了《关于行贿犯罪档案查询工作的规定》，进一步完善了行贿犯罪档案查询制度，加大对贪官的追逃和惩处。2015 年中央审议通过了《中国共产党纪律处分条例》，以加强党内法规的约束力度。我们还要完善登记备案通报制度和责任追究制度，对违反法定程序干预政法机关执法办案的领导干部，一律严肃惩处，追究法律责任，以此来加大惩处力度，形成不敢腐的惩戒机制。

第三，加强防范机制。为了更加科学有效地防治腐败，习近平总书记提出要全面推行惩治和预防腐败体系建设。在腐败多发高发的当今社会，我们不仅要找出腐败问题，治理腐败问题，更要预防腐败的滋生，这才是从根源上减少腐败滋生的重要措施。习近平总书记强调，反腐倡廉建设必须全党动手。要坚持完善反腐败领导机制和工作机制，充分发挥好各部门的功能，做到多管齐下，更好地防范腐败。首先加强防控廉政风险制度建设，针对主要官员、主要职位、主要职责，渐进地建立防控风险报备、内部约谈、纠错整改、绩效评估等机制，逐步形成一套行之有效的防范廉政风险制度。二是建立领导干部个人有关事项报告制度，要求副县级以上官员主动报告个人的住房、收入、投资、配偶及子女的职业等情况，以及早发现问题，解决问题。三是于 2015 年出台了《中国共产党廉洁自律准则》，2016 年颁布了《关于新形势下党内政治生活的若干准则》、新修订的《中国共产党党内监督条例》，并积极落实《建立健全惩治和预防腐败体系 2013—2017 年工作规划》等相关制度条文，彰显了党中央从源头上治理贪污腐败的决心。这就要求，我国现阶段各项建设与改革措施都应当体现反腐倡廉要求，同防范腐败体制机制建设同步部署、同步开展，及时堵塞漏洞，保障反腐倡廉工作有效进行。

第四，健全保障机制。保障机制是党的反腐倡廉工作有效进行的重要前提，必须不断加以改善和健全。习近平总书记在第十八届中央纪律检查委员会第五次全体会议上强调，要通过制度保障来不断推进党风廉政建设和反腐败斗争。坚持党要管党、从严治党，推动反腐倡廉保障机制的发展和完善，就要坚持不断完善和充分发挥党内监督、民主监督、社会监督的作用，充分发挥纪委、监察部门的作用；强化对权力的规范和制约，科学配置权力，形成科学的权力结构和运行机制；不断建立健全惩治腐败的法律法规；利用好巡视这把剑；加强思想政治教育、党风廉政教育；坚持不懈地纠正“四风”、严明党的纪律；等等，以此布下天罗地网，形成一个严密完整的反腐败保障体系。

党的十八大以来，以习近平同志为核心的党中央高度重视反腐倡廉工作，坚持从中央做起，发挥示范和榜样作用；加强党的纪律约束和巡查工作，以解决问题为突破口、严查腐败案件，绝不放过任何有损于国家利益、人民利益的行为，对待腐败分子发现一个查处一个，绝不姑息；既接受广大群众的监督和举报，更广泛运用网络这一新型反贪污渠道，全面加大反腐力度；充分发挥各个部门、各种法律法规、各种制度条文的作用，以保障反腐倡廉工作顺利进行。

2017 年 1 月 6 日，习近平总书记在第十八届中央纪律检查委员会第七次全体会议上发表重要讲话，总结了党的十八大以来开展党风廉政建设和反腐败斗争的主要经验和启示：一是要坚持高标准和守底线相统一，教育引导党员、干部自觉向着理想信念高标准努力，同时要以党的纪律为尺子，使党员、干部知敬畏、存戒惧、守底线。二是要坚持抓惩治和抓责任相统一，对“四风”问题露头就打、执纪必严，同时要落实主体责任和监督责任，督促党的各级组织和领导干部强化责任担当。三是要坚持查找问题和深化改革相统一，从问题入手，抽丝剥茧，查找根源，深化改革，破立并举，确保公权力在正确轨道上运行。四是要坚持选人用人和严格管理相统一，既把德才兼备的好干部选出来、用起来，又加强管理监督，形成优者上、庸者下、劣者汰的好局面。这些重要启示和经验，要长期坚持[①]。

① 习近平在十八届中央纪委七次全会上发表重要讲话. 人民日报，2017-01-07.

第六章

用铁的纪律维护党的团结统一

党的十八大以来，党中央高度重视党的纪律建设。习近平总书记针对纪律建设发表了一系列重要讲话，阐明了加强党的纪律建设的重要性，要求坚持以党章为根本遵循，严明党的政治纪律与政治规矩，严明组织纪律，严格组织生活，狠抓执纪监督，深入开展纪律教育，进一步完善创新体制机制，促进政治生态不断改善。这些思想对于我们坚定不移地推进全面从严治党具有十分重要的意义。

一、加强党的纪律建设的重要性

党的纪律是各种党内法规的总称，是中国共产党按照民主集中制原则确立的，包括政治纪律、组织纪律、群众纪律等等。党的规矩包括党章、党纪以及党的优良传统和工作惯例等。无论是党的纪律还是党的规矩，都是各级党组织和每一个党员一定要遵守的规范。治国必先治党，全面从严治党，必须加强党的纪律建设。纪律严明是中国共产党自成立以来的一贯传统。新形势下，面对诸多利益的诱惑，一些党员干部无视党的纪律与规矩，自行其是，党面临组织涣散、纪律松弛的严峻挑战。从我们党近年来查处的大量违法违纪案件来看，党员干部出问题，都是因为没有严守纪律的关口，“破法”无不从“破纪”开始。因此，加强党的纪律建设，发扬党的优良传统，严明党纪，是党的建设的“伟大工程”的重要内容之一。

首先，纪律严明是党的光荣传统和独特优势。习近平总书记指出：“我们党是靠革命理想和铁的纪律组织起来的马克思主义政党，纪律严明是党的光荣传统和独特优势。我们党有八千五百多万党员，在一个幅员辽阔、人口众多的发展中大国执政，如果不严明党的纪律，党的凝聚力和战斗力就会大大削弱，党的领导能力和执政能力就会大大削弱。毛泽东同志说过：‘加强纪律性，革命无不胜。’邓小平同志指出：‘我们这么大一个国家，怎样才能团结起来、组织起来呢？一靠理想，二靠纪律。组织起来就有力量。没有理想，没有纪律，就会像旧中国那样一盘散沙，那我们的革命怎么能够成功？我们的建设怎么能够成功？’……身为党员，铁的纪律就必须执行。”[①] 党内纪律与党内规矩是每一个中国共产党党员都必须遵守的行为规范和规则，没有规矩不成其为政党，更不成其为马克思主义政党。

中国共产党自成立以来就从未放弃过严明党的纪律，始终把加强党的纪律建设放在重要位置。民主革命时期，党的建设是中国革命的三大法宝之一，在党的建设过程中，党中央始终高度重视纪律建设，不仅先后制定了《关于中央委员会工作规则与纪律的决定》《关于各级党部工作规则与纪律的决定》等党规，细化党章的纪律要求，更重要的是对广大党员开展党的纪律教育、严格纪律要求。中国共产党之所以能够带领全国人民夺取中国革命的胜利，与其拥有铁一般的纪律是分不开的。新中国成立后，这一优良传统得到延续。在改革开放的新时期，这一传统有了新的体现，1980 年 2 月，中共十一届五中全会通过的《关于党内政治生活的若干准则》，使党内政治生活

---

① 中共中央纪律检查委员会，中共中央文献研究室. 习近平关于严明党的纪律和规矩论述摘编. 北京：中央文献出版社，2016：3-4.

重新走上了正轨。2003 年 12 月，中共中央颁布了《中国共产党纪律处分条例》，2015 年进行了修订，并于 2016 年开始实施。党的纪律建设不断走向新高度，党纪党规的螺丝愈拧愈紧。

中国共产党 90 多年的历史表明，加强党的建设，严明党纪是我们党生存、发展，事业由胜利走向胜利的必然要求。中国共产党在多次修改完善党章中都始终强调党的纪律建设的重要性，在多次出台的准则条例中都强调共产党员一定要遵规守纪这条戒律。在新的历史起点上，我们党要胜利进行具有许多新的历史特点的伟大斗争，就必须一如既往地严明党纪，加强党的纪律建设，提高党的凝聚力和战斗力，如此才能解决当前党内存在的诸多问题，战胜时代的诸多挑战，实现社会主义现代化及全面建成小康社会的奋斗目标。

其次，加强纪律建设是全面从严治党的治本之策。习近平总书记指出："加强纪律建设是全面从严治党的治本之策。我们党是用革命理想和铁的纪律组织起来的马克思主义政党，组织严密、纪律严明是党的优良传统和政治优势，也是我们的力量所在。全面从严治党，重在加强纪律建设。我们现在要强调的是扎紧党规党纪的笼子，把党的纪律刻印在全体党员特别是党员领导干部的心上。"① "党要管党、从严治党，靠什么管，凭什么治？就要靠严明纪律。一九六四年十月，周恩来同志在音乐舞蹈史诗《东方红》演出人员大会上做报告时说，毛泽东同志说我们党是'一个有纪律的，有马克思列宁主义的理论武

① 中共中央纪律检查委员会，中共中央文献研究室．习近平关于严明党的纪律和规矩论述摘编．北京：中央文献出版社，2016：9.

装的，采取自我批评方法的，联系人民群众的党’，‘毛泽东同志特别把有纪律放在最前面，这不是偶然的。因为这是决定党能否坚持革命、战胜敌人、争取胜利的首要条件’。”① “从严治党是一个永恒课题，党要管党丝毫不能松懈，从严治党一刻不能放松。要坚持标本兼治，加大治本的工作力度，严格按照纪律和法律的尺度，把执法和执纪贯通起来。”②

实践表明，党员干部出问题大多都是首先突破纪律。现实中，党内存在各种各样的问题，有的是非观念淡薄、组织观念淡薄、群众观念淡薄；有的原则性不强，旗帜不鲜明，人情味重；有的家长制严重，任人唯亲，无组织、无程序观念；有的个人主义、自由主义严重，不服从组织安排；有的领导干部在决定重要问题时，搞先斩后奏；有的党组织缺乏严肃认真的组织生活，使党内长期存在“不严不实”的问题。这些问题的解决，要靠从严治党、靠严明纪律。因此，全面推进从严治党，必须把党纪党规挺起来。只有党纪党规更加严明，党员干部才能不逾越底线，管住自己的言行，做到上行下效、令行禁止，始终保持纯洁性、先进性，全面从严治党才能取得良好效果。

党的纪律是刚性约束，具有强制力。推进全面从严治党，除了有正确的路线、方针、政策之外，还必须要有严明的纪律和规范作为保证。如果党的纪律成了“花瓶”，党员干部对纪律规定置若罔闻，搞“四风”毫无顾忌，各取所需、自行其是，那么就会形成“破窗效应”，丧失党的纪律的严肃性和权

① 中共中央纪律检查委员会，中共中央文献研究室．习近平关于党风廉政建设和反腐败斗争论述摘编．北京：中央文献出版社，2015：36-37．

② 习近平．在浙江省考察调研时的讲话．人民日报，2015-05-28．

威性，会大大削弱党的领导能力和执政能力。因此，坚持全面从严治党，就要求全体党员必须严格遵守党的纪律、规矩，自觉维护中央权威，确保党的集中统一、团结一致。

二、严明党纪，把纪律挺在前面

习近平总书记关于党的纪律建设思想是在深刻分析党所面临的复杂世情国情党情的基础上产生的，它完全适应党的建设的现实需要，符合全面从严治党的客观要求，为全面提高党执政能力和领导水平提供了强大理论支撑。严明党的纪律，进行纪律建设，必须以党章为根本遵循，严明政治纪律、组织纪律，严格组织生活，特别是各级领导干部要同党中央保持高度一致，在守纪律、讲规矩上做表率，以更有效地推进党的纪律建设。

第一，严明党的纪律，必须以党章为根本遵循。党章是一个政党为保证全党在政治上、思想上的一致性，组织上、行动上的统一性所制定的章程，是党的宗旨和行为规范，主要包括党的性质、指导思想、纲领任务、组织结构、组织制度，党员的条件、权利、义务和纪律等项，对推进党的工作、加强党的建设具有根本性规范和指导作用，也是用来衡量政党成熟与否的一个关键因素。习近平总书记指出："没有规矩，不成方圆。党章是党的总章程，是全党必须共同遵守的根本行为规范。在各级党组织的全部活动中，都要坚持引导广大党员、干部特别是领导干部自觉学习党章、遵守党章、贯彻党章、维护党章，自觉加强党性修养，增强党的意识、宗旨意识、执政意识、大局意识、责任意识，切实做到为党分忧、为国尽责、为民奉献。”[①]

全体中国共产党党员都要认真学习、严格遵守和贯彻维护党章。每一名党员都要牢固树立党章意识，全面掌握党章的基本内容，深刻理解党章增写的新内容、新要求；严格把党章的各项规定落实到行动上，以党章为根本规则，规范自己的一言一行，解决党内矛盾；每个党员都要接受党内外群众的监督，自觉接受党的纪律和规矩的约束，违犯党的纪律要受到相应的批评教育或处分。各级纪委要认真监督检查党员干部遵守党章、执行党内法规的情况，坚决维护党章权威，捍卫党章的严肃性。习近平总书记要求每一个共产党员特别是领导干部都要牢固树立党章意识，自觉用党章规范自己的一言一行，在任何情况下都要做到政治信仰不变、政治立场不移、政治方向不偏。不论担任何种职务、从事何种工作，首先要明白自己是一名在党旗下宣过誓的共产党员，要用入党誓词约束自己[②]。

党员领导干部尤其要认真学习党章内容、遵守党章规定，给广大党员做榜样。领导干部要按照党章规定的领导干部必备条件，坚定理想信念，加强道德修养，坚持实事求是，不断提高自身素质和能力，经常检查和弥补自身不足，坚守原则、恪守规矩，做到令行禁止。领导干部要严格执行党章关于民主集中制的各项规定，厉行工作规程，按规矩办事，并落实到制定决策、选人用人等领导工作各个环节，推动党内民主的发展。党员领导干部必须以身作则，模范遵守党章党规，严格执行党

---

① 习近平．认真学习党章严格遵守党章．人民日报，2012-11-20．

② 中共中央纪律检查委员会，中共中央文献研究室．习近平关于严明党的纪律和规矩论述摘编．北京：中央文献出版社，2016：14．

章关于党内政治生活的各项规定，严守党的政治纪律和政治规矩，率先垂范、以上率下，坚持党的群众路线，深入基层调查研究，做好新形势下的群众工作，不忘初心、继续前进，为全党全社会做出示范。

第二，严明政治纪律与政治规矩。严明党的纪律，首要的就是严明政治纪律。党的纪律是多方面的，但政治纪律是最重要、最根本、最关键的纪律，遵守党的政治纪律是遵守党的全部纪律的重要基础。政治纪律是各级党组织和全体党员在政治方向、政治立场、政治言论、政治行为方面必须遵守的规矩，是维护党的团结统一的根本保证。为此，习近平总书记特别要求党的各级纪律检查机关要把维护党的政治纪律放在首位，确保全党在思想上政治上行动上同党中央保持高度一致[①]。“对顶风违反政治纪律、政治规矩的问题，必须严厉查处。”[②] 在 2016 年 12 月召开的中共中央政治局民主生活会上，习近平总书记指出：“每一个党员对党的政治纪律和政治规矩都要心存敬畏、严格遵守，中央政治局的同志首先应该做到，在指导思想和路线方针政策以及关系全局的重大原则问题上，脑子要特别清醒、立场要特别坚定。”[③] 党的政治纪律是各级党组织和全体党员在政治问题上必须遵守的规矩，是全体党员不能逾越的政治底线，是每一个党员都不能触碰的高压线。无论是党组织还是

① 习近平．在第十八届中央纪律检查委员会第三次全体会议上的讲话．人民日报，2014-01-15.

② 中共中央纪律检查委员会，中共中央文献研究室．习近平关于严明党的纪律和规矩论述摘编．北京：中央文献出版社，2016：30.

③ 习近平．对照贯彻落实党的十八届六中全会精神　研究加强党内政治生活和党内监督措施．人民日报，2016-12-28.

党员，只要违反了党的政治纪律，都会产生不良影响，会慢慢侵蚀党的执政基础，影响党在人民群众中的形象。

讲政治是中国共产党的突出特点和优势。习近平总书记强调："要做政治的明白人。……讲政治是第一位的。希望大家对党绝对忠诚，始终同党中央在思想上政治上行动上保持高度一致，坚定理想信念，坚守共产党人的精神家园，自觉践行社会主义核心价值观，自觉执行党的纪律和规矩，真正做到头脑始终清醒、立场始终坚定。"① 现实中，在遵守和维护政治纪律方面，绝大多数党组织和党员干部做的是好的。但是，也有少数党员干部政治纪律意识不强，在原则问题和大是大非面前立场摇摆。例如，一些地方保护主义、本位主义明显；有些党员干部在执行党的政策和决议时阳奉阴违，搞变通，有些党员发表丑化国家形象的言论，抹黑国家领导人，口无遮拦，毫无顾忌，造成各种错误思想泛滥；有些党员干部在利益面前放弃党的宗旨、党的原则，漠视政治纪律，做出损害国家及人民利益的重大违纪行为。由此可以看出破坏党的政治纪律和政治规矩问题的严重程度。党的十八大以来，以习近平同志为核心的党中央高度重视且严厉惩处违纪行为，无论是谁，无论职位高低，只要违反政治纪律，一律严查到底、严厉惩处，严肃追究责任，绝不姑息。

习近平总书记指出："遵守党的政治纪律，最核心的，就是坚持党的领导，坚持党的基本理论、基本路线、基本纲领、

---

① 中共中央纪律检查委员会，中共中央文献研究室．习近平关于严明党的纪律和规矩论述摘编．北京：中央文献出版社，2016：29．

基本经验、基本要求，同党中央保持高度一致，自觉维护中央权威。”① 这就告诫全体党员必须严格按照党的要求，坚决捍卫党的基本路线，听从党中央指挥，维护党的团结，在任何情况下都要坚定正确的政治立场。要旗帜鲜明地反对和抵制否定党的领导、否定党的基本路线、否定中国特色社会主义的言行，自觉维护中央权威，不得自行其是，搞任何形式的派别活动。

严明党的政治纪律和政治规矩，必须开展严肃认真的党内政治生活。中国共产党在长期实践中逐步形成了包括严明党的纪律在内的党内政治生活基本规范。严肃党内政治生活是我们党坚持党的性质和宗旨的重要法宝，是我们党凝心聚魂、强身健体的重要途径，是全面从严治党的重要基础。习近平总书记强调：“我们要加强和规范党内政治生活，严肃党的政治纪律和政治规矩，增强党内政治生活的政治性、时代性、原则性、战斗性，全面净化党内政治生态。全党同志要增强政治意识、大局意识、核心意识、看齐意识，切实做到对党忠诚、为党分忧、为党担责、为党尽责。”②

第三，严明组织纪律，严格组织生活。习近平总书记指出：“我们党是按照马克思主义建党原则建立起来的政党，我们党以民主集中制为根本组织制度和领导制度，组织严密是党的光荣传统和独特优势。九十多年来，我们党栉风沐雨、历经坎坷，不断从胜利走向胜利，发展成为世界第一大执政党，组

① 习近平．在第十八届中央纪律检查委员会第二次全体会议上的讲话．人民日报，2013-01-23．

② 习近平．在庆祝中国共产党成立95周年大会上的讲话．人民日报，2016-07-02．

织严密是重要保证。”[①] 党的力量来自组织，组织力量强大，才能确保党发挥总揽全局、协调各方的作用，组织纪律严明，我们党才能更好地完成历史赋予的艰巨重任，不断走向胜利。习近平总书记指出：“党的领导，体现在党的科学理论和正确路线方针政策上，体现在党的执政能力和执政水平上，同时也体现在党的严密组织体系和强大组织能力上。一个松松垮垮、稀稀拉拉的组织是不能干事、也干不成事的。”[②] “组织观念、组织程序、组织纪律都要严起来。不严起来，就是一盘散沙。”[③] 实事求是地讲，一个时期以来，部分党员干部组织观念薄弱、组织纪律松弛问题确实令人触目惊心，比如，个人主义泛滥，不服从组织安排，无视组织原则；处理重大问题时，不请示、不报告；办事靠关系、找熟人，各部门存在潜规则；领导干部缺乏严肃的组织生活，自由主义、好人主义盛行；等等。这些问题给党内生活带来了极其恶劣的影响，引发了种种问题，已经成为党的一大忧患。由此可见，十八大以来党中央全面加强党的组织纪律性、严格组织生活的重要性与紧迫性。

中国共产党的根本组织制度是民主集中制，遵守党的组织纪律和组织规矩，首先要认真贯彻执行民主集中制。习近平总书记强调：“要坚持按民主集中制原则处理党内组织和组织、组织和个人、同志和同志、集体领导和个人分工负责等重要关系，发扬党内民主、增进党内和谐，实行正确集中、维护党的

① 中共中央纪律检查委员会，中共中央文献研究室. 习近平关于严明党的纪律和规矩论述摘编. 北京：中央文献出版社，2016：36.

② 同①38.

③ 同②37.

团结统一。”[①] 民主集中制作为组织纪律的核心，在于着力解决组织纪律涣散、在发扬民主的同时缺乏正确集中等问题。首先，必须坚决贯彻个人服从组织、下级组织服从上级组织、全党服从中央的原则，牢固树立“大局意识、政治意识、核心意识、看齐意识”，既要讲民主，又要讲集中。其次，实行集体领导和个人分工负责相结合的制度，一方面严格落实集体领导集体决策，不忘坚持原则；另一方面勇于担当，敢于负责，确保有令必行、有禁必止。再次，认真落实请示报告制度，党员干部在处理一些重大问题及事项时，必须按规定向组织请示报告，这是最起码的规矩。如果没有组织观念，不按照程序办事，不如实报告有关事项，就违反了党的组织纪律，会造成严重后果。最后，强化底线意识，警醒自己坚守底线。明底线才能知敬畏，党员干部要明确组织纪律的底线，不能违反有关规定，在遵守纪律的前提下享受自由。总之，组织纪律是不得触碰的高压线，不容挑战，要守住底线，不越“红线”。

严明党的组织纪律，要加强党的基层组织建设。党的基层组织与基层党员干部发挥着战斗堡垒作用，严明组织纪律，不能忘记广大基层党员干部。广大基层党员干部与人民群众接触最密切，是党的形象、作风的重要体现者，因此，一定要增强党的基层组织队伍的纪律建设。首先，全面推进基层各项党建工作，优化组织设置，抓好基层党支部建设，抓好各项规章制度、禁令的落实。其次，加强城市社区、农村党员干部的培训

---

① 中共中央纪律检查委员会，中共中央文献研究室．习近平关于严明党的纪律和规矩论述摘编．北京：中央文献出版社，2016：45．

教育工作，提高其组织性、纪律性以及整体素质。最后，基层党员干部要自觉加强对党章以及各项规章条例的学习，始终坚持按章办事，遵守规章程序，强化纪律意识，提高工作的严肃性、有效性，更好地服务于广大人民群众。

进行党的纪律建设，要严格组织生活。党章中明确规定，中国共产党全体党员必须参加党的组织生活。严格的组织生活是党员发挥先锋模范作用的重要保障之一，是对党员进行精神约束的关键之一，是锤炼党性的重要平台之一。严格组织生活要求全体党员无论职务高低，都要经常、认真、严肃地参加党的组织生活。积极对党员进行党的知识教育，传达上级组织的精神，让广大党员及时了解党和政府的大政方针，不断适应形势发展的需要；坚持“三会一课”，不流于形式，要真正凸显开展组织生活的效果；坚持对党员进行民主评议，敢于说真话，分清是非，增进党员之间的思想沟通与交流；积极开展批评与自我批评，秉持共同进步的心态做到畅所欲言，敢于相互批评，勇于自我剖析；积极开展形式多样、丰富多彩的活动，创新活动形式。每一个党员干部都要正确对待组织，相信组织，不断增强党性，提高党性修养，始终站在人民的立场上，心系国家，心系党组织，增强党的组织纪律性。正如习近平总书记所言：“全党同志要强化组织意识，时刻想到自己是党的人，是组织的一员，时刻不忘自己应尽的义务和责任，相信组织、依靠组织、服从组织，自觉接受组织安排和纪律约束，自觉维护党的团结统一。”①

① 习近平．在第十八届中央纪律检查委员会第三次全体会议上的讲话．人民日报，2014-01-15.

三、使纪律真正成为带电的高压线

习近平总书记指出："要把纪律建设摆在更加突出位置，坚持纪严于法、纪在法前，健全完善制度，深入开展纪律教育，狠抓执纪监督，养成纪律自觉，用纪律管住全体党员。"①

第一，强化监督执纪问责。习近平总书记强调："各级纪检监察机关要加大检查监督力度，执好纪、问好责、把好关。要加大责任追究力度，严格执行有关纪律处分规定，以严明的纪律督促各级领导机关和领导干部改进作风。"② 实践证明，要想保证权力的正确运行，有效监督必不可少，党内一切权力都要受到制约，所有党员必须受到监督。特别是各级领导干部要切实履行执纪职责，各级纪委要严格落实监督责任，同时领导干部要自觉接受监督。习近平总书记指出，要加强对干部经常性的管理监督，形成对干部的严格约束。没有监督的权力必然导致腐败，这是一条铁律。组织上培养干部不容易，要管理好、监督好，让他们始终有如履薄冰、如临深渊的警觉。

党的各级组织和全体党员必须在党的各项纪律和规矩允许的范围内活动，正确对待监督，主动接受监督，同时增强监督

---

① 习近平．在第十八届中央纪律检查委员会第六次全体会议上的讲话．人民日报，2016-01-13.

② 中共中央纪律检查委员会，中共中央文献研究室．习近平关于党风廉政建设和反腐败斗争论述摘编．北京：中央文献出版社，2015：55-56.

意识，履行监督责任。党的领导干部要习惯在监督下开展工作，绝不能逃避监督，同时加强自律，做到按规则正确行使可以行使的权力，时刻提醒自己在纪律的严格约束下规范一言一行。要强化上级组织对下级组织行使权力的监督，用权力监督权力，发现问题及时处置，防止权力失控和滥用。党组织和领导干部必须如实反映、尽快处理党员反映的各种问题，对下级党组织成员要多过问、多提醒，发现问题及时提出，严格纠正，以免酿成更大的错误。

各级纪检监察机关要强化监督执纪问责，加强对所辖范围内党组织和领导干部遵守党章党规党纪情况的监督检查。习近平总书记强调："各级纪委要全面履行党章赋予的职责，带头尊崇党章，把维护党章和其他党内法规作为首要任务，加强对遵守党章、执行党纪情况的监督检查，严肃查处违反党章党规党纪的行为，坚决维护党章权威，做党章的坚定执行者和忠实捍卫者。各级纪委要以更高的标准、更严的纪律要求纪检监察干部，保持队伍纯洁，努力建设一支忠诚、干净、担当的纪检监察队伍。"① "纪律检查机关要加大监督检查力度，对有令不行、有禁不止的，不仅要严肃查处直接责任人，而且要严肃追究相关领导人员的责任。"② 要建立健全党中央统一领导，党委的全面监督、党的中央组织的监督、党内监督和外部监督、党的纪律检查委员会的监督、党的基层组

---

① 习近平．在第十八届中央纪律检查委员会第六次全体会议上的讲话．人民日报，2016-01-13.

② 习近平．在十八届中央政治局第二十四次集体学习时的讲话．人民日报，2015-06-28.

织及党员的监督相结合的监督体系，做到党的监督没有禁区、没有例外。

第二，加强党的纪律教育。习近平总书记强调："要积极探索纪律教育经常化、制度化的途径，多做提提领子、扯扯袖子的工作，使党员、干部真正懂得，党的纪律是全党必须遵守的行为准则，严格遵守和坚决维护纪律是做合格党员、干部的基本条件。"① 同时，"要加强警示教育，让广大党员、干部受警醒、明底线、知敬畏，主动在思想上画出红线、在行为上明确界限，真正敬法畏纪、遵规守矩"②。作为中国共产党党员，首先要坚定对马克思主义的信仰，树立社会主义和共产主义的远大理想，坚定理想信念。一个人没有信仰、信念摇摆不定，就会精神迷失、丧失底线，最终走向违纪违法的深渊。思想上的堕落是最严重的病变，纪律教育是未雨绸缪，是防止思想病变的基础性工作。因此，从思想源头抓起，通过教育的方式来强化纪律，是纪律建设的题中应有之义。党的十八大以来，党中央先后部署开展了党的群众路线教育实践活动、"三严三实"专题教育活动，对于解决县处级以上党员干部存在的突出问题、推进全面从严治党起到了重要的教育作用。思想政治教育不可能毕其功于一役。自 2016 年开始的"两学一做"学习教育，就是要推动党内教育从"关键少数"向广大党员拓展，从集中性教育向经常性教育延伸，以保证全党始终在思想上政治上行动上同党中央保持高度一致，使我们

---

① 中共中央文献研究室．习近平总书记重要讲话文章选编．北京：中央文献出版社，2016：178.

② 同①172.

党始终成为有理想、有信念且纪律严明的马克思主义政党。在加强纪律教育的过程中，要特别注意加强对年轻党员干部的教育引导，让他们从成为党员的那一刻起就知道作为一个党员必须遵规矩、守纪律，严格自律，增强党性。加强纪律教育还要发挥领导干部的表率作用，领导干部要树立纪律面前人人平等的意识，自觉遵守纪律，维护纪律，为广大党员做出表率，形成示范效应。

加强纪律教育，首先要把党章教育作为重点。要加强广大党员对党章的学习，通过广泛深入的宣传，促使广大党员、干部熟悉党章内容、相关规定，牢记于心；把党章知识的学习纳入党员干部日常培训体系，采取多种形式抓好学习，增强党章意识、纪律意识、党性修养。其次，纪律教育要以日常思想教育为突破口，不断创新教育方式方法。坚持一般性纪律教育和典型纪律案例、根据实际确定的重点与关键纪律教育相结合，坚持集中学习教育与经常性学习教育相结合，集体学习与个人自修相结合，党校集中培训和分散自觉学习相结合，会议学习和网上学习相结合，实现纪律教育全覆盖。最后，把加强纪律教育和加强党性修养结合起来，教育引导广大党员干部加强党性锻炼，坚定理想信念，站稳政治立场，切实把党的政治纪律、组织纪律、群众纪律等各项规定转化为自身的自觉行为规范。

第三，健全党内法规制度。加强党的纪律建设，除了狠抓执纪监督、开展纪律教育之外，还要特别注重完善制度建设、创新法规制度。习近平总书记指出：“要建立健全相关制度，用制度管权管事管人。要突出重点，重在管用有效，全方位扎紧制度笼子，更多用制度治党、管权、治吏。”[①] “加强党内法规制度建设是全面从严治党的长远之策、根本之策。我们党要履行好执政兴国的重大历史使命、赢得具有许多新的历史特点的伟大斗争胜利、实现党和国家的长治久安，必须坚持依法治国与制度治党、依规治党统筹推进、一体建设。”[②] 换言之，严明纪律首先要有纪可依，且与时俱进、务实管用。党的十八大以来，以习近平同志为核心的党中央从立规矩开始，首先制定了八项规定，地方党组织根据八项规定精神，在联系服务群众、规范权力运行等方面制定和修订了一批工作制度和管理制度；党中央进一步强化党内监督制度，建立领导干部诫勉谈话制度；深化纪律检查制度改革，完善党内法规制定体制机制，建立自律机制；不断完善纪律处分条例，纪律检查工作条例，坚持纪严于法。2015 年中央审议通过了《中国共产党廉洁自律准则》、新修订的《中国共产党纪律处分条例》，2016 年颁行《关于新形势下党内政治生活的若干准则》、新修订的《中国共产党党内监督条例》，细化了党员干部的纪律要求。广大党员干部要认真贯彻落实这些党内法规条例，拿起纪律这把戒尺，守住纪律底线，严格执行党的纪律，决不越雷池一步。各级领导干部特别是高级干部要从自身做起，廉洁用权，做遵纪守法的模范，同时要坚持原则、敢抓敢管，立“明规矩”、破“潜规则”，通过体制机制改革和制度创新促进政治生态不断改善[③]。

---

① 中共中央纪律检查委员会，中共中央文献研究室．习近平关于严明党的纪律和规矩论述摘编．北京：中央文献出版社，2016：60.

② 习近平就加强党内法规制度建设作出重要指示．人民日报，2016-12-26.

③ 习近平．在第十八届中央纪律检查委员会第六次全体会议上的讲话．人民日报，2016-01-13.

纪律不是摆设，制定之后就要严格执行。就此，习近平总书记指出："我们是共产党执政。很多规矩是共产党立的，执行也是共产党去执行。我们要下大力气建制度、立规矩，更要下大气力抓落实、抓执行。"① 如果党的政治纪律成了摆设，就会形成"破窗效应"，使党的章程、原则、制度、部署丧失严肃性和权威性，党就会沦为各取所需、自行其是的"私人俱乐部"。习近平总书记要求："对违规违纪、破坏法规制度踩'红线'、越'底线'、闯'雷区'的，要坚决严肃查处，不以权势大而破规，不以问题小而姑息，不以违者众而放任，不留'暗门'、不开'天窗'，坚决防止'破窗效应'。"② 为此，就要严格落实党内组织生活制度，在生活会中坚持批评与自我批评；要严明组织人事纪律，坚持用制度管人管事管权；对违反制度规定的违纪分子，要以零容忍的态度，坚决查处，严肃法纪，坚持执行制度没有例外；要运用典型案例有针对性地开展警示教育，认真落实经常性教育制度；各级党委纪委要加强监督检查，发现违纪行为要严格按照纪律的尺度严肃处理，真正把党规党纪落到实处，真正发挥制度的威力，使纪律真正成为带电的"高压线"。

习近平总书记指出："今天，在全面从严治党的新形势下，全党同志一定要不断锤炼党性，不断加强纪律建设，坚定维护党的团结统一，坚决维护党中央权威，确保全党统一意志、统一行动、步调一致前进。"③ 进一步言之，全党同志一定要对党的

---

① 中共中央纪律检查委员会，中共中央文献研究室．习近平关于严明党的纪律和规矩论述摘编．北京：中央文献出版社，2016：53－54.

② 习近平．在中共中央政治局第二十四次集体学习时的讲话．人民日报，2015－06－28.

③ 习近平．在纪念陈云同志诞辰110周年座谈会上的讲话．人民日报，2015－06－13.

纪律和规矩心存敬畏、严格遵守，无条件地把自己置于纪律约束之下，牢固树立和自觉强化“政治意识、大局意识、核心意识、看齐意识”，严格遵守八项规定，做到有令必行、有禁必止，真正使严守党的纪律成为一种习惯。全党同志一定要不断锤炼党性，加强自身修养，提高综合素质，坚定政治信念，严守组织原则，夙夜在公，做党和人民最值得信赖的公仆。全党同志一定要始终与人民群众心心相印，全心全意为人民服务，推动党和人民事业不断走向胜利。

图书在版编目（CIP）数据

全面从严治党新阶段/杨凤城，赵淑梅，张世飞著．—北京：中国人民大学出版社，2017.8
（“治国理政新理念新思想新战略”研究丛书）
ISBN 978-7-300-24662-8

Ⅰ.①全… Ⅱ.①杨… ②赵… ③张… Ⅲ.①中国共产党-党的建设-研究 Ⅳ.①D26

中国版本图书馆 CIP 数据核字（2017）第 138627 号

“十三五”国家重点出版物出版规划项目
北京市社会科学理论著作出版基金重点资助项目
“治国理政新理念新思想新战略”研究丛书
治党卷
全面从严治党新阶段
杨凤城　赵淑梅　张世飞　著
Quanmian Congyan Zhidang Xinjieduan

出版发行	中国人民大学出版社		
社　　址	北京中关村大街 31 号	**邮政编码**	100080
电　　话	010－62511242（总编室）		010－62511770（质管部）
	010－82501766（邮购部）		010－62514148（门市部）
	010－62515195（发行公司）		010－62515275（盗版举报）
网　　址	http://www.crup.com.cn		
经　　销	新华书店		
印　　刷	固安县铭成印刷有限公司		
开　　本	720 mm×1000 mm　1/16	**版　　次**	2017 年 8 月第 1 版
印　　张	10.75 插页 1	**印　　次**	2024 年 8 月第 3 次印刷
字　　数	103 000	**定　　价**	66.00 元

版权所有　侵权必究　印装差错　负责调换